W0012286

Wolfgang Kieling
Stationen

Wolfgang

Kieling

Stationen

PAUL NEFF VERLAG WIEN

Printed in Austria

ISBN 3-7014-0231-0
Umschlaggestaltung: Bruno Schachtner Grafik-Werkstatt, Dachau
Graupner & Partner GmbH, München
Satz: Compusatz GmbH, München
Druck und Bindung: Wiener Verlag, Himberg bei Wien

Inhaltsverzeichnis

VORWORT
von
Susanne Uhlen

Die Sonne zieht langsam am Horizont hoch, kämpft sich durch den Nachthimmel.

Immer breiter wird der Tag. Vögel beginnen zaghaft in den Morgen zu singen.

Am Fenster stehend beobachte ich dieses Schauspiel. Ich bin müde, fröstele – es war eine lange Nacht.

Ich stehe am Fenster eines Krankenhauses irgendwo in Hamburg, nehme das langsame Erwachen dieser Stadt wahr.

Wolfgang ist tot.

Drei Tage und drei Nächte ist er gestorben. An einer sinnlosen, widerlichen Krankheit, die ihn von innen auffraß, ihm alle Kraft nahm – dabei hat er so gekämpft...

Es ist der 7. Oktober 1985.

Nur in Nebensätzen erfuhr ich von Wolfgang, daß er ein Buch schreibt, sich mit der Verlegerin trifft. Ich habe nie nachgefragt, dachte, er würde mir schon davon erzählen, wenn er es für richtig hielte.

Dazu kam es nicht mehr. Er hat es nie vollenden können.

Nun sitze ich da, sortiere Fotos, lese Manuskripte, handgeschriebene, getippte.

Werde überschwemmt von Wolfgangs Vergangenheit, Dingen, von denen er mir nie etwas erzählt hatte. Unendlich viele Fragen tauchen auf. –

Fragen, die ich früher hätte stellen müssen... Doch er sprach so gut wie nie von sich – gab mir nie die Chance, diese Fragen zu stellen, ihn besser zu verstehen.

Von mir aus hatte ich niemals den Mut, ihn darauf anzusprechen – Übervater, der er für mich war.

Dieses Buch soll dennoch ein Ende haben, und damit die Berechtigung zu erscheinen.

Die letzten 15 Jahre fast dokumentarisch zu beschreiben, schien allen Beteiligten das beste. Man wollte Wolfgang nicht Dinge in den Mund legen, die er vielleicht nie gesagt hätte – wie ich glaube, die fairste Lösung.

Daher, dieses Buch stellt Ansprüche an den Leser; ein Mitdenken, Mitleben.

Doch es sollte einem leichtfallen bei so einem Menschen, bei so einem großen, eigenwilligen Künstler – bei so einem Übervater...

Susanne

Plötzlich ist alles tiefschwarz. Ich falle, schlage hart auf den Boden. Das tut kaum weh. Die rasenden Schmerzen sitzen im Bauch. Quälende Krämpfe machen mich vorübergehend besinnungslos. In diesem Zustand habe ich mich blöderweise pausenlos vorgestellt, hat man mir später verraten: »Mein Name ist Wolfgang Kieling, mein Name ist...«

Der Notarzt weist mich ins Spandauer Krankenhaus ein, in der Nähe der Filmstudios. Aufnahmediagnose: Vereiterte Gallenblase. Operation.

Einen Tag später: Keine Operation in diesem höchst entzündlichen Stadium. Dritter Tag: Operation, um dem Durchbruch in die Bauchhöhle zuvorzukommen. Ich blicke dem Chefarzt ins gedunsene Gesicht. Er ist offenbar nicht voll einsatzfähig.

»Schwer zuckerkrank«, sagt mir sein Oberarzt, ein Farbiger. Ein biafranischer Häuptlingssohn. »Außerdem: Er ist verfeindet mit der Chirurgie des Hauses. Er möchte Sie auf seiner Station behalten. Sie sind ein lukrativer Privatpatient, Sie verstehen?«

Diesem Oberarzt verdanke ich mein Leben: Sofort auf die Trage, im Paßgang der Sanitäter schaukelnd zum Krankenwagen, mit Blaulicht und Martinshorn von Spandau aus quer durch Berlin.

Rein mit dem Notfall in den Aufnahmeraum des Steglitzer Krankenhauses. Ich kringele mich vor Schmerzen.

Eine fette Schwester sucht einen Hocker, zieht ihn heran, rückt ihn neben meiner Trage zurecht, macht es sich auf ihm neben mir bequem, zückt gemächlich einen Kugelschreiber, entfaltet einen Fragebogen mit drei Durchschlägen, schreibt sorgsam meinen Namen. »Herr Kieling, ich muß jetzt von Ihnen wissen: Wann und wo geboren, Beruf, Name des Vaters und der Mutter, frühere Krankheiten, womöglich Erbkrankheiten…«

Aus der eng geschlungenen Decke kann ich einen Fuß befreien, bolze ihr mit letzter Kraft vors Schienbein, röchele: »16. März 1924…«

Da geht ihr offenbar ein Lichtelchen auf. Drei Minuten später liege ich auf dem Operationstisch. Keine Sekunde zu spät. Und ohne Personalangaben…

Der Zweck heiligt die Mittel

Purer Wahnwitz an jenem 16. März 1924. Ein Sonntag. Für andere ein schöner, ruhiger Vormittag. Nur für uns nicht. Hölle am Himmel sozusagen. Für mich gravierender Wechsel vom Dunkel ins Licht. Das muß man sich mal vorstellen!

Und wer hat die Sache mit Gemütsruhe in die Hand genommen? Wigo!

Nicht so interessant in diesem denkwürdigen Augenblick, daß Berliner Verkehrspolizisten um diese Zeit erstmals weiße Handschuhe tragen, die Zahl der Rundfunkhörer auf 10000 steigt, die Melkmaschine eingeführt wird, »Der Zauberberg« von Thomas Mann erscheint, »Rhapsody in Blue« von Gershwin und »Gräfin Mariza« von Kalman uraufgeführt werden, der 1. F. C. Nürnberg durch einen 2:0-Sieg über den Hamburger SV deutscher Fußballmeister geworden ist. Nein…

Was dem Berliner Schneidermeister Otto Kieling, von seiner Frau »Atti« genannt, die Sonntagsruhe raubt und ihn zu kribbeliger Unentschlossenheit treibt, ist ein Ausruf von Wigo: »Es ist soweit!«

Wigo, so wird der praktische Arzt Dr. Wigorschinsky von seinen Patienten genannt, bremst den nervösen Betätigungsdrang von Meister Kieling mit der Bitte, für heißes Wasser zu sorgen und den Küchentisch von der Wand hinweg präzise in die Mitte des Raumes zu rücken. Wigo sieht in diesem Möbel ein für seine Zwecke sehr viel idealeres Gestell als beispielsweise das sonst bei solchen Anlässen favorisierte Bett.

Jetzt tritt Anna auf, die hochschwangere Frau von Otto Kieling. Er und Wigo helfen ihr auf den Küchentisch, und unter, weiß Gott, primitiven Umständen kommt das Baby zur Welt. Einundfünfzig Zentimeter lang, Gewicht unbekannt. Eine Waage ist in der Eile am Sonntag nicht aufzutreiben. Wigo verkündet sachlich: »Es ist ein Junge, Frau Kieling!«

Die Eltern, sehr glücklich, wie ich später höre, entschließen sich, ihren Säugling Wolfgang zu nennen, ein Name, der damals offenbar die Hitliste der Taufregister anführt.

Aus meiner Sicht obsiegt dieser simple Küchentisch in der Bürknerstraße – die liegt zwischen Kottbusser Damm und Landwehrkanal – mühelos über jene Dinge, die die »Berliner Morgenpost« im März 1924 gemeldet hat. Ich meine die weißen Handschuhe und den Zauberberg.

Der Knabe fängt an, mir fürchterlich zu werden

Allerdings nimmt die Zeitung drei Jahre später in aufsehenerregender Weise Notiz von mir und meiner ersten Freundin. Inge heißt sie, und sie ist die Tochter des uns benachbarten Drogisten Steuer.

Die Steuers und meine Eltern, und manchmal auch Walter Drostel, ein Vertreter von Schuhpflegemitteln, dem mein besonderes Vertrauen gehört, treffen sich einmal in der Woche zum Skat. Wir Kinder spielen unterdessen immer im Nebenzimmer. An einem dieser Skattage entwickelt sich im darunterliegenden Kokskeller durch Selbstentzündung ein Schwelbrand. Niemand bemerkt zunächst etwas. Erst die Ruhe im Nebenzimmer alarmiert die Skatspieler. Und da ist es fast zu spät. Inge und ich

Der Fünfjährige, aufgenommen im Kaufhaus Wertheim am Berliner Moritzplatz. 1929 kostete so ein Porträt zwei Reichsmark. (1)

liegen mit schwerer Rauchvergiftung am Boden.

Feuerwehr, Sauerstoff, Krankenhaus! Monatelang sprechen die Leute zwischen Hasenheide und Kottbusser Damm von den beiden Dreijährigen, die in der Bürknerstraße beinahe ums Leben gekommen sind.

*

Kaum genesen, beginnt meine Karriere, geweckt durch die unaufhaltsame Entwicklung der Technik. Mein Vater kauft ein Detektor-Radio und erschließt mir damit eine neue Welt, die Musik. Allein die Vorbereitungen sind steinzeitmäßig interessant:

Kopfhörer über die Ohren stülpen, mit einem Drahtfühler, dessen Bewegungen in einem Schauglas beobachtet werden können, auf einem zerklüfteten Quarzstein herumfuhrwerken, bis durch pures Glück der Ortssender von sich hören läßt.

Wundervolle Schlager sind Ende 1927 gängig und werden quasi zu meinem Vorschulprogramm. »Ich hab mein Herz in Heidelberg verloren«, »Wenn die Elisabeth nicht so schöne Beine hätt«, »Wer hat denn den Käse zum Bahnhof gerollt«.

Texte und Melodien habe ich sofort voll drauf, ohne jedoch den tiefen Sinngehalt zu begreifen. Logisch, daß ich mich anderen Menschen mitteilen möchte. Deshalb gehe ich auf die Straße und singe mein Repertoire. Und weil die Kunst nach Brot geht, halte ich die Tasche meiner Spielschürze auf, in die das dankbare Publikum kleine Münzen und Bonbons wirft. Es muß überzeugend geklungen haben, wenn ein Dreijähriger den psychologisch interessanten Text darbringt, daß eben jene Elisabeth viel mehr Freude an dem neuen langen Kleid gehabt hätte, wenn ihre Beine nicht so schön gewesen wären.

Meinen Eltern haben meine musischen Darbietungen offenbar nicht gefallen, sie verbieten mir die »künstlerische« Betätigung, obwohl sie mich eigentlich hätten verstehen müssen. Beide sind nämlich die schauspielerischen Stützen eines Neuköllner Theatervereins gewesen, in dem ich – das wiederum mit ihrer Billigung – mein Bühnendebüt in der Rolle des Karlchen in der Berliner Posse »Mein Leopold« geben durfte.

Zurück zur Straßenszene. Nach dem Auftrittsverbot habe ich den Schauplatz meiner Darbietungen in immer größere Entfernungen vom väterlichen Schneidergeschäft verlagert, eine frühe Form der Tournee.

Und jetzt wird's kriminell. Größere Jungen beobachten mich, entführen mich für Stunden und beuten mich auf schamlose Weise aus. Sie ziehen mit mir von Hinterhof zu Hinterhof, stellen mich auf Mülltonnen und zwingen mich zum Singen. Aus den Fenstern regnet die Gage in Form von Dropsen und Münzen. Die jungen Impresarios nehmen das Geld und lassen mir nur die Bonbons.

Zu jener Zeit ist das Musizieren auf Straßen und Höfen ein üblicher Vorgang, allerdings ganz selten oder gar nicht von Kindern ausgeübt. Also dauert es nicht lange, bis ein Polizist erscheint, die jugendlichen Manager verwarnt, meine Karriere auf den Mülltonnen jäh unterbricht und mich nach Hause bringt. Die unangenehme Empfangszeremonie, die meine Eltern mir bereiten, ist mir nicht mehr recht geläufig...

*

Auf der anderen Seite vom Kottbusser Damm, an der Dieffenbach- und Schönleinstraße, liegt der Zickenplatz, der eigentlich Hohenstaufenplatz heißt, aber ein dort aufgestelltes Bronze-Kunstwerk von zwei sich bekämpfenden Ziegenböcken hat ihm zu dem lebensnaheren Namen verholfen. Es ist weniger der kleine Park mit den fünfzehn Bäumen, seinen sechs Bänken, der mich anzieht, eher das Floh-Kino, die Hohenstaufen-Lichtspiele.

Das Nachmittagsprogramm für Kinder von 15 bis 18 Uhr kostet dreißig Pfennige. Es bietet traumhaft dramatische Stummfilme mit »Pat und Patachon«, dem Westernhelden »Tom Mix« mit seinem unglaublich intelligenten Pferd, dem schlauen Schäferhund »Rin-Tin-Tin«, »Dick und Doof« und »Mickey Mouse«. Zum Verständnis der Handlung erscheinen ab und an Schwarzblenden mit Texten. Weil ich die noch nicht lesen kann und mich mit dem optischen Handlungsfaden begnügen muß, bringt mir das einen Gewinn von fünf Pfennigen. Das Kino hat nämlich zwei Zuschauerräume, soll bedeuten, die Leinwand ist von beiden Seiten zu besichtigen. Einmal vom Vorführapparat bestrahlt richtig herum, und einmal spiegelverkehrt, weil das Bild durch die Leinwand hindurchscheint. Und von links kostet es nur fünfundzwanzig Pfennige. Für den Rest kaufe ich mir meistens einen Nappo, eine Art türkischer Honig mit Schokolade überzogen, rhombenförmig, ein verläßlicher Plombenzieher, fast eine Geheimwaffe der Zahnärzte, um in zeitlich errechenbaren Abständen immer neues Amalgam in Kinderzähne zu praktizieren.

Fünf Pfennige bekomme ich auch samstags, nachdem ich alle Kielingschen Schuhe geputzt und Mutters Abwasch abgetrocknet habe. Und fünf Pfennige können ein Kind schon in kulinarische Gewissenskonflikte stürzen. Für fünf Pfennige gibt es, abgesehen von dem Nappo, eine Eiswaffel oder einen kandierten Apfel, beim Bäcker eine Schnekke, einen »Amerikaner« oder eine Tüte Kuchenkrümel, zehn Gummibärchen oder einen Lutscher. Eine schlimme Sache, vor dem Laden stehen und sich nicht entscheiden können...

Der Übel größtes aber ist die Schule

1930, für mich ein Jahr mit total veränderter Optik. Mein Vater verpflanzt seine Familie von der Großstadt an Berlins Peripherie ins beschauliche Eichwalde, einen Katzensprung vom Müggelsee. Eigenes Haus mit Garten, das ist doch was! Ich habe das nicht unübel gefunden, obwohl mir die Neuköllner Hinterhöfe eine ganze Zeitlang fehlen.

Damals entsteht bei mir eine Charaktereigenschaft, die mir mein Leben lang, mit aller Vorsicht sei das gesagt, eine Menge Kummer bereitet hat: spontane Neugier. Deshalb sind auch die Tage bis zur Einschulung für mich eine unerträgliche Spannung.

Und was passiert? Ein Fräulein Zimmer, die Lehrerin in Eichwalde, unterzieht die designierten Erstkläßler einer kurzen Aufnahmeprüfung. Danach schickt sie meine Mutter und mich wieder nach Hause mit der Bitte, den Knaben Wolfgang erst zum nächsten Einschulungstermin anzumelden.

Ohne sie wirklich zu kennen, habe ich die Schule sofort gehaßt. Dieser Haß eskaliert sich nach einem Jahr Wartezeit zu nicht geahnter Aversion: Das frühe Aufstehen, der triste Backsteinbau,

1930. Erstes Volksschuljahr in Berlin-Neukölln. Er sitzt vorn, erste Reihe, zweiter von rechts. (2)

das Zusammensein mit Fremden auf engstem Raum in trostloser Umgebung und schlechter Luft.

Erst zu Hause bin ich wieder locker und fröhlich. Im Garten, in der Wohnung, die unmittelbar neben der Schneiderwerkstatt meines Vaters liegt. Das ist beruhigend für mich gewesen, denn auch abends im Bett kann ich meine Eltern nebenan arbeiten und reden hören, bis ich einschlafe.

Und einmal bin ich aufgewacht. Im Haus ist es totenstill und stockdunkel. Ich setze mich im Bett auf und rufe meine Mutter. Keine Antwort. Dann rufe ich lauter meinen Vater. Abermals keine Antwort. Sie hatten doch gesagt, sie gingen nicht weg!

Ich gleite aus dem Bett, finde den Lichtschalter nicht, werde in der Finsternis von bisher nicht gekannter panischer Angst befallen, irre in den Zimmern umher und verkrieche mich verzweifelt und weinend. Ich fürchte mich...

Irgendwann sind sie gekommen, nehmen mich in die Arme, versuchen mich zu trösten, schenken mir als »Wiedergutmachung« einen Riesenteddy, den sie offenbar in einer Tombola gewonnen haben. Aber ich – ich hatte das Vertrauen, nicht nur zu den Eltern, verloren. Meine Unsicherheit, mein Mißtrauen, später schlimme Phasen in meinem Leben, haben dort in Eichwalde ihre Wurzel gehabt.

*

Fast gleichzeitig mit meinem Einschulungstermin wird das supermoderne »Haus des Rundfunks« in der Berliner Masurenallee eingeweiht. Eine Sendung für Kinder hat den Titel »Kunterbunt«, und die kleinen Hörer werden aufgefordert, zu kommen, mitzumachen, mitzusingen.

Mein Repertoire, seit der unterbrochenen Straßensängerkarriere ständig erweitert, kommt mir zugute. Meine Mutter fährt mit mir zum Berliner Funkturm, nachdem eine Rohrpostkarte der Sendeleitung mich zum Vorsprechen aufgefordert hat. Kaum zu glauben, ich werde festes Mitglied der Kinderserie »Kunterbunt«, die jeden Donnerstag gesendet wird. Gage: Eine Mark fünfzig.

Besonders interessant ist die Beschäftigung

beim Kurzwellensender, der die Beiträge zeitversetzt und live mit Richtstrahlern nach Übersee sendet – mitten in der Nacht oder in den frühen Morgenstunden. Bei den Lehrern der Eichwalder Schule bin ich allein durch die häufigen Briefe »...und bitten wir, sein Fernbleiben vom Unterricht zu entschuldigen« wohl nicht so richtig beliebt gewesen, fürchte ich.

Von diesem Augenblick an ist meine kontinuierliche künstlerische Tätigkeit kaum noch zu bremsen. In Hörspielen und Märchensendungen werden Kinderstimmen gebraucht, und auch bei einer künstlerischen Disziplin, die damals belächelt worden ist, der Eindeutschung ausländischer Tonfilme. Mein erster Filmtitel: »Mutterhände«, Dialogregie: Karl-Heinz Stroux, Sprecher der Hauptrollen: Erich Ponto und René Deltgen. Meine Gage: 75 Mark.

Etwas später werde ich Synchronsprecher für den amerikanischen Kinderstar Freddy Bartholomew in den Hollywood-Filmen »David Copperfield« und »Manuel«. Dieser Film »Manuel« hat mich stark berührt, denn der Hauptdarsteller Spencer Tracy spielt einen Fischer, der bei der Reparatur seines havarierten Kutters im Wasser eingeklemmt und schwer verwundet wird. Er weiß, eine Rettung für ihn gibt es nicht mehr. Inständig und lachend, als sei nichts geschehen, bittet er den Knaben, der mit ihm an Bord ist, um ein Messer, angeblich, um sich zu befreien – aber als er es bekommt, begeht er Selbstmord. Und als er nicht wieder auftaucht und der Junge begreift, was geschehen ist, muß ich klagend und wiederholt ins Synchronmikrofon schluchzen: »Manuel, Manuel, Manuel!«

Lange Zeit kann ich das nicht vergessen.

*

Das Leib- und Magenblatt der Kielings, die »Berliner Morgenpost«, schreibt: »Endlich ist es Wirklichkeit geworden. Spät, jedoch noch nicht zu spät, sind auch wir beim historischen Wendepunkt des Films angelangt. Der Ton-Film, der sprechende Film, ist also da.«

Eine ganz allgemeine Feststellung, versteht sich, nicht etwa Lob über die »Mutterhände« und meine anonyme Synchronstimme. Doch es bedarf sicher keiner Erwähnung, daß angesichts dieser Tätigkeit bei Film und Funk kein bißchen Ehrgeiz für die Schule übrigbleibt.

Wasser hat dennoch Balken

In der Berliner Kroll-Oper läuft mit Riesenerfolg »Doctor Doolittle und seine Tiere«. Titelrolle: Alfred Braun, erster Rundfunkreporter und Berliner

KROLL-THEATER

NACHMITTAGS 3.30 UHR

DR. DOLITTLES ABENTEUER

Ein Spiel für große und kleine Kinder nach den Dolittle-Büchern von H. Lofting von Hermann Kasack und E. L. Schiffer

Bunte Bilder nach den Dolittle-Sendungen der Berliner Funk-Stunde

*

Musikalisches Arrangement und Leitung des Orchesters Kapellmeister Alexander Ecklebe

REGIE: ALFRED BRAUN

*

* IM TIERPARADIES *

Dr. Johann Dolittle .... Alfred Braun
Seine Lieblingstiere:
Polynesia, der Papagei .... Renée Kürschner
Jip, der Hund .... Hans-Joachim Schaufuß
Dab-Dab, die Ente .... Alexandra Nadlar
Göb-Göb, das Schwein .... Jura Alexy
Flitzi Wolkenstreifer, die Schwalbe .... Gona Schaper
Kroko, das Krokodil .... Robert Rolf

Das Orchester der Tiere
„Kunterbunt-Schar" Leitung: Gertrud van Eyseren

Matthäus Mugg .... Hans Sternberg
Die Dame, die das Reißen hat .... Rose Lichtenstein

*

* IM HAFEN *

Der Vater .... Robert Assmann
Der Sohn .... Berthold Winter
Der Kaufmann auf der Straße .... Hugo Jung
Der Schiffseigentümer .... Meinhart Maur
Der Leierkastenmann .... Kurt Wehlert
Tschi-Tschi, der Affe .... Wölfchen Kieling
Dr. Johannes Dolittle .... Alfred Braun
Seine Lieblingstiere:
Polynesia, der Papagei .... Renée Kürschner
Jip, der Hund .... Hans-Joachim Schaufuß
Dab-Dab, die Ente .... Alexandra Nadler
Göb-Göb, das Schwein .... Jura Alexy
Kroko, das Krokodil .... Robert Rolf

Die Tiere, die zu Hause bleiben
„Kunterbunt-Schar" Leitung: Gertrud van Eyseren

Matthäus Mugg .... Hans Sternberg
Ein Konditor .... Walter Pahlke
Ein Schornsteinfeger .... Fritz Wendler
Ein Radfahrer .... Hans Bechler

Die Seekadetten
Elevinnen der Staatsoper Berlin

Matrosen und Hafenarbeiter

*

* IM ZIRKUS *

Ausrufer .... Gerda Schmalus, Ludwig Nansen
Der Zirkusdirektor .... Hermann Klein
Der Stallmeister .... Fritz Renner
Der Clown Bimbo .... Ernst Wiener

Die Schule der kleinen Clowns
Elevinnen des Balletts der Staatsoper, Berlin

Das Wundertier
Dr. Johann Dolittle .... Alfred Braun
Seine Lieblingstiere:
Polynesia, der Papagei .... Renée Kürschner
Jip, der Hund .... Hans-Joachim Schaufuß
Dab-Dab, die Ente .... Alexandra Nadler
Göb-Göb, das Schwein .... Jura Alexy
Kroko, das Krokodil .... Robert Rolf
Tschi-Tschi, der Affe .... Wölfchen Kieling
Matthäus Mugg .... Hans Sternberg
Zirkustänzerin .... Annemarie Brand

*

PAUSE

* IM AFFENLAND *

Der Löwe .... Artur Kronberg
Die Affenältesten .... Irmgard Donders, Dettmar Otto
Das Affenkind .... Bommel Brand

Das Affenballett
Elevinnen des Balletts der Staatsoper, Berlin

Dr. Johann Dolittle .... Alfred Braun
Seine Lieblingstiere:
Polynesia, der Papagei .... Renée Kürschner
Jip, der Hund .... Hans-Joachim Schaufuß
Dab-Dab, die Ente .... Alexandra Nadler
Göb-Göb, das Schwein .... Jura Alexy
Tschi-Tschi, der Affe .... Wölfchen Kieling

Einzig in seiner Art:
Das Stoßmichziehdich

*

* GEFANGEN UND BEFREIT *

Der Negerkönig Jimbo .... Meinhard Maur
Prinz Bumpo .... Josef Schaper
Hans Peter .... Heinz Günther Bohle

König Jimbos schwarze Leibwache

1931. Jeden Nachmittag Kindervorstellung im Berliner Kroll-Theater. Sechs Auftritte mit Gesang hatte der umjubelte Affe Tschi-Tschi. (3)

Publikumsliebling. Den Kleinsten von »Kunterbunt« holt er sich für die Rolle des Lieblingsaffen Tschi-Tschi. Mich.

Affe kommt immer an. Mit Felltrikot und Affenmaske hopse ich auf die Bühne. Die Zuschauer freuen sich, lachen. Nun singt das putzige Tier: »Ich heiße Tschi-Tschi-Bambula und bin ein Aff' aus Afrika.« Ein singender Affe ist Sympathieträger allererster Ordnung. Die Leute sind aus dem Häuschen.

Nächster Abend. Der Inspizient ruft den Affen: »Wölfchen, dein Auftritt!«

Ich schieße zu meinem immer umjubelten Solo auf die Bühne. Brüllendes Gelächter im Zuschauerraum, obwohl ich den Mund noch gar nicht aufgemacht habe. Auch Alfred Braun feixt. Zeichen aus der Seitenkulisse: Ich habe vergessen, die Affenmaske vor das Gesicht zu klappen. Sie baumelt hinten im Nacken. Ich schalte den »Osram« ein, wie man in Berlin sagt, soll heißen, ich bekomme einen hochroten Kopf. Offenbar sehe ich nun wirklich aus wie ein Menschenaffe im Zoo, denn das Publikum beruhigt sich nicht. Der Dirigent kann dem Orchester erst verspätet den Einsatz geben für das Lied von Tschi-Tschi-Bambula.

Bei der angeheizten Stimmung kommt die Nummer natürlich glänzend an. Der Applaus regt mich mächtig auf. So sehr, daß ich es plötzlich naß werden fühle im Affenfell und, ungemein erleichtert, auf den Bühnenbrettern eine lange feuchte Spur hinterlasse. Alle haben gelacht, wie peinlich...

Nach jeder Vorstellung werden die mitwirkenden »Tiere«, meistens Kinder, an Gästetische gebeten und mit Torte und Schokolade bewirtet, um anschließend mit dem Bus ins Schillertheater transportiert zu werden. Dort befindet sich der Kostümfundus. In der Kroll-Oper ist wenig Platz.

Einmal verschwitze ich die Abfahrt. Noch immer im Kostüm, sause ich mit Affenzahn zum U-Bahnhof, spurte am erschrockenen Knipser, der damals in seiner sogenannten Wanne gesessen hat, vorbei auf den Bahnsteig und flitze zum Entzücken der Fahrgäste in den Zug. Im Abteil benehme ich mich so affig wie möglich, bis ich am Bahnhof »Knie« – heute »Ernst-Reuter-Platz« – aussteigen muß.

Währenddessen hat im Schillertheater längst die Vermißtensuche begonnen. Nicht nur der Darsteller des Tschi-Tschi-Bambula ist verschwunden, auch das Affenkostüm ist mit demselben abhanden gekommen. Ein Darsteller ist zu ersetzen, ein neues Tierkostüm kostet eine Menge Geld.

Mit erhöhtem Blutdruck und schnellem Puls sorgt sich insbesondere der für die Doolittle-Aufführung verantwortliche Garderobier Metzger. Ehe er jedoch vollends reif ist fürs Krankenhaus, hoppelt Tschi-Tschi abgekämpft in den Fundus, und alle folgenden Aufführungen in der Kroll-Oper sind gerettet.

*

Es gibt sogar Echos auf meine Tätigkeit, vornehmlich auf meinen Gesang. Damit mich jedoch nicht vorzeitig der Größenwahn packt, darf ich erst Jahre später meine Fan-Briefe lesen:

»Wer ist dieses sagenhafte Wölfchen? Einen süßen Kuß von einer unbekannten Schwärmerin«,

»Eine alte Zuhörertante dankt Dir«,

»Wölfchens Stimme singt mir jedesmal fast das Herz aus dem Leib«,

»Ich war in einer anderen Welt, verzaubert, saß nur still mit gefalteten Händen und trank den süßen Klang in mich hinein«,

»Ich habe noch nie ein Kind so wundervoll singen hören«,

»Ich mußte erst mit dem Durcheinander meiner Empfindungen ins reine kommen«.

Diese Empfindungen erstrecken sich nicht nur auf Hörer, meistens Eltern gleichaltriger Kinder, sondern auch auf erwachsene Kollegen, die mich zum Partner haben wollen, auf Komponisten und Autoren, die für mich zu schreiben beginnen. Ich spiele den Schusterjungen in »Drei alte Schachteln«, das Heinerle in »Der Fidele Bauer«, singe den Hänsel in Humperdincks »Hänsel und Gretel« und in Opern wie »Rip-Rip« und »Hanneles Himmelfahrt«, bekomme Rollen auf meinen schmächtigen Leib geschrieben in Stücken, die man heute kaum noch kennt: »Die lyrische Verlobung« und »Zimmer Nr. 13« beispielsweise. Auch manche Namen meiner erwachsenen Partner sind kaum noch geläufig: Grete Wiedicke, Irene Eisinger, Margarete Kupfer,

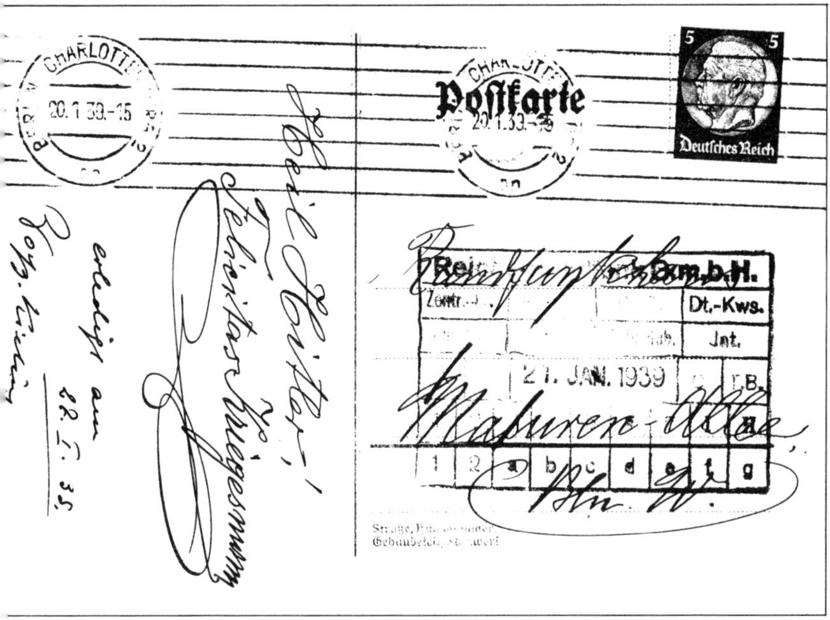

CHARLOTTENBURG 20.1.39.-15

Postkarte

5 Deutsches Reich 5

Reichsrundfunk G.m.b.H.

Zentr. | Dt.-Kws. | Int.

21. JAN. 1939

Masuren-Allee

Bln. W.

1939. Stapelweise trifft Hörerpost beim Sender ein. Sein Vater erledigte die Anfragen prompt. Kartenporto damals: Fünf Pfennige. (4)

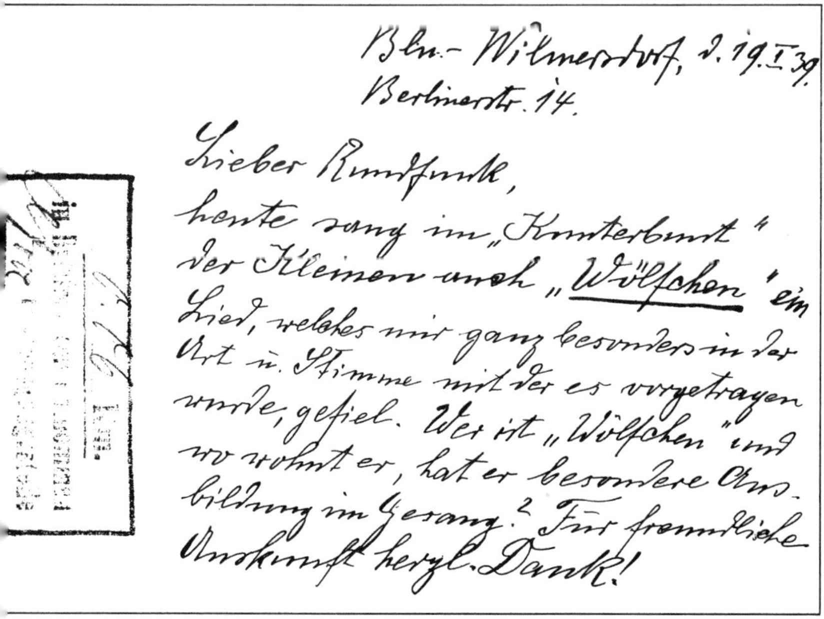

Bln.-Wilmersdorf, d. 19.I.39.
Berlinerstr. 14.

Lieber Rundfunk,
heute sang im „Kunterbunt" der Kleinen auch „Wölfchen" ein Lied, welches mir ganz besonders in der Art u. Stimme mit der es vorgetragen wurde, gefiel. Wer ist „Wölfchen" und wo wohnt er, hat er besondere Ausbildung im Gesang? Für freundliche Auskunft herzl. Dank!

Friedel Schuster, Harald Paulsen, Leo Monossont, Erich Kestin, Anton Maria Topitz, Hugo Fischer-Köppe und Paul Westermeier.

Für mich ist in dieser Zeit eine Tournee mit dem Genschow-Strobrava-Theater absolute Spitze. Titel des Stücks: »Kinderraub in Sevilla«. Ich spiele den El Pollo, einen blinden Zigeunerjungen, und muß herzzerreißende spanische Lieder singen. Fritz Genschow führt Regie und engagiert für mich den Hauslehrer Höffling, damit ich von meinem Schulpensum nichts versäume.

So ganz nebenbei findet ein Wohnortwechsel statt. Wir ziehen wieder richtig nach Berlin. Wieder in die alte Gegend am Zickenplatz. In die Schönleinstraße. Um die Ecke in der Dieffenbachstraße sind »Rodes Bierstuben«. August Rode, Urbild aller Berliner Gastwirte, hat einen kugelrunden Dickkopf, Glatze und Schnauzbart, Hosenträger über dem Mollenfriedhof, dem Bierbauch. Molle heißt in Berlin das Glas Bier. Ab 12 Uhr mittags ist er selbst sein bester Gast, und für uns Kinder ist sein Anblick ein Genuß. Seine Frau ist Oma Auguste, und sie verjagt uns immer von der Kneipentür. An seinem Schaufenster steht »Franz. Billard«, und wir wissen nicht, was das ist.

Politik ist keine exakte Wissenschaft

Im Januar 1933 laufen Vorbereitungen für die »Machtergreifung« auf Hochtouren, und die bringen auch mich, ich bin neun Jahre alt, in eine seltsame Situation. Zwei Fronten sind da. Auf der einen Seite zum letzten Mal die Passionsspiele als Agitations-Propaganda-Theater nach Art des Regisseurs Erwin Piscator im Zirkus Schumann, dem späteren Theater des Volkes, mit Heinrich George, Leni Sponholz, Fritz Genschow und mir. Ich schwebe als reiner Engel vom Schnürboden herab und rezitiere friedvolle Epiloge.

Unter dem Funkturm wird unterdessen zu einem Mammutspektakel gerüstet, für die erste unter Hitlers Ägide stattfindende Funkausstellung. Sie soll den Beweis für die Fähigkeit seiner Helfer erbringen, mit allem nur denkbaren Brimborium auch die widerstandsfähigsten Hirne zu erweichen.

Manchmal sind die Bemühungen um Propaganda gespenstisch. Mein Vater spendiert mir einen Nachmittag im Lunapark in Halensee. Dieser Lunapark ist einst in Berlin das gewesen, was »Liseberg« in Göteborg und »Tivoli« in Kopenhagen heute noch für die Bevölkerung darstellen: Vergnügen ohne Ende, und das jede Woche wieder, obwohl alle schon alles kennen.

Plötzlich legt sich über den bunt erleuchteten Lunapark mit seiner fröhlichen Musik, den dudelnden Karussellorgeln, der quietschenden kleinen Achterbahn, den funkenstiebenden Auto-Skootern und dem wundervollen Geruch nach gebrannten Mandeln und kandiertem Obst bedrohliche Stille. Wie durch Zauberhand ist das Musikpodium von zwanzig, dreißig Männern in Ledermänteln umstellt, die ihre harten Gesichter aufmerksam dem eben noch heiter flanierenden Publikum zuwenden, nach Gegnern spähen, wachsam. Andere in braunen Uniformen säumen in strammer Haltung den Mittelweg im etwas abschüssigen Park.

Dort hinab schreitet ganz allein, durch einen Klumpfuß humpelnd – die Berliner bezeichnen seine Gangweise mit »Halb sieben, halb sieben« –, in dünnem Ledermäntelchen und Schlapphut ein Propagandamensch. Er erklimmt das Podest, schaut unter der Krempe hervor auf die Leute, die ihn gar nicht zur Kenntnis nehmen wollen. Wartet er auf Applaus oder auf ein Attentat? Niemand klatscht. Man weiß nicht recht, was der Auftritt soll. Keiner schießt auf ihn. Die Leibwächter demonstrieren ihre Macht ganz nutzlos. In Halensee und Grunewald, also im teuren Villenviertel von Berlin, kennt man den Mann da oben kaum. Er redet ohne Mikrofon. Laut, geschliffen, im Nachhall jedes seiner Worte diese unnachahmliche, jesuitisch geschulte Silbenprägnanz. Sogar seine Pausen sind erste Klasse. Er benutzt Floskeln wie: »Ich würde wünschen mögen.« Wer spricht schon so in Berlin?

Wie ein Spuk ist der traurige braune Zauber vorbei, das Podium leer, die Ledermänner verschwunden. Zehn verwunderliche Minuten haben sie die heitere Leichtigkeit des Lunaparks eingedämmt. Nun leuchtet das Licht wieder bunt wie zuvor, die Musik klingt fröhlich von den Schellackplatten, es riecht wieder nach gebrannten Mandeln. Kinder lachen.

»Wer war das?«

»Goebbels!«

»Kenn ich nicht.«

*

Jetzt wird es pure Satire: Irgendein beflissener Werbestratege der neuen Partei hat sich für die Feier der Machtübernahme am 30. Januar 1933 zwei Gags ausgedacht, die Auge und Ohr der Berliner erfreuen sollen. Fürs Auge eine Menge Militärisches, an der Spitze der Schauspieler Otto Gebühr mit Dreispitz und Krückstock als Alter Fritz, leicht gebückt auf einem Apfelschimmel daherreitend.

Fürs Ohr das markige Lied »Märkische Heide, märkischer Sand« mit dem knackigen Refrain »Steige hoch, du roter Adler«. Regieanweisung: »Pimpf marschiert durch Uniformspalier zum Podest, nimmt auf demselben Aufstellung mit Front zu den Massen, singt drei Strophen, Kehrreim jeweils verstärkt durch Chöre und Orchester.«

Der Pimpf bin ich gewesen. Kein echter Hitlerjunge – dafür muß man zehn Jahre alt sein –, sondern eher so eine Art Show-Pimpf durch einen eigens für mich erfundenen Status: Ehrenmitglied der »Wölflinge im Stamm Störtebeker«.

Nachdem der rote Adler zum letztenmal hochgestiegen ist – »Heil dir, mein Brandenburger Land!« –, löst sich aus der ersten Reihe der Ehrengäste ein Männlein mit einem viel zu großen Asternstrauß und kommt – halb sieben, halb sieben – auf mich zu, lächelt wirklich gewinnend und überreicht mir nach freundlichem Handschlag die Blumen. Mein Lunapark-Goebbels.

Meine Mutter täuscht an dem bedeutenden Ort, den wir jetzt fix verlassen wollen, Freude und schiere Begeisterung vor. Es ist nicht ganz einfach, sich zu verdrücken, aber die nächste Hürde steht uns noch bevor. In meiner Aufmachung kann ich unmöglich nach Neukölln zurückfahren. Die Leute am Zickenplatz hätten mich auseinandergenommen. Neukölln ist kommunistisch rot, roter geht's nicht. Die nächste Berliner Pinkelbude bietet sich zu raschem Kostümwechsel an. Pimpf links rein, Wölfchen in Zivil rechts raus.

Es gibt Wortwechsel, die kurz und prägnant sind, aber das Leben verändern. Wie dieser:

»Ich halte es für richtig und erforderlich, daß Wölfchen aufs Gymnasium geht«, sagt meine Mutter. Mein Vater kategorisch: »Der Junge soll ein ebenso anständiger Handwerker werden wie ich!«

»Er ist begabt«, übertreibt meine Mutter. Damit will sie ihn nicht etwa beleidigen, einen Gegensatz aufzeigen. Mein Vater hat durchaus Hans-Sachs-Qualitäten entwickelt und zum Beispiel für mich viel geschrieben und komponiert. Er ist dann auch Mitglied der sogenannten Reichsschrifttumskammer gewesen. Das Wort zergeht richtig auf der Zunge, was? Reichsschrifttumskammer...

Ich schweife ab. Meine Mutter setzt sich, wie zu erwarten, durch und erreicht, daß ich in den humanistischen Bildungstempel Hohenzollern-Gymnasium aufgenommen werde. Die meisten meiner Mitschüler in der Sexta tragen Namen wie Herrlich, Goldstein, Rumianzef, Unikiel, Ernsthaft, und uns »Ariern« wird die neue Weltanschauung eingebleut: Die Juden sind unser Unglück.

Für mich hat diese Zeit auch eine Schokoladenseite. Kinder machen sich immer gut bei der Verbreitung unbequemer Themen. Ich singe vor Graf Ciano, dem italienischen Botschafter in Berlin, das berühmte »Il saco preparato«, werde zum Abschmettern von Kinderliedern zum Goebbels-Nachwuchs nach Wannsee auf die Halbinsel Schwanenwerder chauffiert, mit der Sammelbüchse für das Winterhilfswerk auf die Straße geschickt und muß der Puppenmutter Käthe Kruse in ihrer Burg auf Hiddensee Gesellschaft leisten. In vielen Wunschkonzerten muß ich mein Schneewittchen-Lied singen, das fast zu einer Kinderhymne geworden ist. Auf der Kranzler-Terrasse an der Straße Unter den Linden macht man mich bei der Rückkehr der »Legion Condor« aus dem Spanischen Bürgerkrieg zur kindlichen Stimmungskanone für Francos Landsknechte.

Wie Bolle uff'm Milchwagen

Eigentlich bin ich an jedem Tag todmüde. Denn schon um 5.30 Uhr bin ich an jedem Morgen mit dem Bolle-Wagen auf unserem Kietz unterwegs. Traum aller Kinder. Vorne auf dem Bock der Kutscher, vor ihm ein müdes Pferd, das die Tour längst kennt, in der Mitte des Kastenwagens die Milchflaschen, hinten ein schmaler Perron mit Holzsitzen links und rechts und zwei dünnen Eisenstangen zum Festhalten.

Auf los geht's los: Das Pferd zieht den Wagen in einem Rutsch und ohne anzuhalten durchs Kundenrevier. Der Kutscher gibt Lieferhilfen durch Zuruf: »Zweemal Eenen, zwee Halbe, drei Viertel!« Liter meint er.

Die beiden privilegierten Knaben hinten greifen sich die Flaschen, springen vom fahrenden Wagen, stellen die Milch in Windeseile vor den Haustüren ab, nehmen die leeren Flaschen vom Vortag auf, sprinten mit denen zurück und hopsen elegant – linke Hand am linken Griff – auf das Trittbrett. Und das rund fünfzigmal. Als Belohnung gibt es vom Fahrer eine Flasche Kakaomilch.

Es geht dabei nicht um das Austragen der frischen Milch, nicht um den selbstlosen Dienst am Kunden, die kumpelhafte Entlastung des Kutschers oder gar die Flasche Kakao. Es ist nur das sportive Auf- und Abspringen und der Umstand, daß man bei dieser olympiaverdächtigen Hops-Disziplin in »seiner« Straße hoffentlich gesehen wird.

Sic itur ad astra

Ich bin gerade zwölf, da dreht Regisseur Veit Harlan das mit »Blut und Boden«-Dramatik angereicherte Melodram: »Maria, die Magd«. Titelrolle: Hilde Körber, die bald ihren Regisseur heiratet. Mit ihrem ausgelaugt wirkenden Tonfall paßt sie haarscharf in das Bild der einfachen Proletarierin, die als Stiefmutter pathologische Liebe zu dem ihr anvertrauten Kind – das bin ich – entwickelt. Mein erster Film ist das.

Mein ohnehin gestörtes Verhältnis zur Schule schlägt, nicht unerwartet, in pures Desinteresse um. Warum? Eine gute Frage. Mein Klassenlehrer, Dr. Ludwig, ist nämlich sehr entgegenkommend und verzichtet auf Einzelentschuldigungen bei versäumten Unterrichtstagen. Er will's nur noch pauschal. Schmeichelt es seinem öden Ego, einen Knaben in seiner Klasse zu wissen, dem ein Hauch von Prominenz anhaftet? Fühlt er sich mitverantwortlich am Zustandekommen einer großen Karriere? Es bleibt sein Geheimnis. Ergebnis: Filmkind Kieling ist nach eigenem Gutdünken abwesend, auch wenn es nicht vor der Kamera steht.

Zu Hause setzt meine Mutter sich ein weiteres Mal gegen meinen Vater durch und erwirkt einen Wohnungswechsel von der Schönleinstraße am Zickenplatz in den Stadtteil Friedenau, damit ich keine so weite Anfahrt in mein ungeliebtes Institut habe. Die Miete ist hoch, aber der Schulweg dauert nur noch zehn Minuten.

Ohnehin Inhaber des absoluten Schwänzrekordes, betrachte ich mich quasi als in Dauerferien befindlich. Eine Rotte gleichgesinnter Klassenkameraden schart sich um mich, und schon beim Wechsel von der Sexta in die Quinta nehmen nur noch sehr wenige meiner Jünger kontinuierlich am Unterricht teil. Einige der Lehrer in der neuen Klasse haben uns gar nicht gekannt.

Einer dieser »Ferientage« verspricht besonders schön zu werden, denn mein Plan steht fest: Ein paar Touren mit der U-Bahn von Endstation zu Endstation. Ruhleben bis Pankow und zurück beispielsweise, eine erstaunlich lange und interessante Strecke. Mit der Schülermonatskarte auch kostendeckend. Mein Lieblingsplatz: Der Klappsitz in der leeren Zugbegleiternische im letzten Wagen. Dort kann man auf die Strecke sehen, und die Fahrt spielt sich rückwärts ab. Am Abend habe ich einen Auftritt in einer Märchenvorstellung.

Auch der Zugbegleiter vorn im Triebwagen

Wolfgang KIELING

Berlin-Friedenau
Fregestraße 78
Tel. 83 29 77

Schauspieler / Sänger
Hörspieler / Sprecher

Filmtätigkeit:
„Kreutzersonate", „Maria, die Magd"

„ . . Bleib wie du bist — möglichst lange"
Veit Harlan

„Hier irrt Schiller"
„ . . Du bist begabt — da irrt Schiller nicht"
Hans v. Wolzogen

1938. Er taucht erstmals im Schauspieler-Almanach auf. (5)

übt auf Knaben einen gewissen Zauber aus. Was er tut, hat den Hauch legerer Männlichkeit: Der Zug hält. Er steigt gemessen aus, stellt sich auf dem Bahnsteig neben das Fenster, durch das er Blickverbindung mit dem Fahrer hat. Vom Bahnhofsvorsteher kommt das Abfahrtsignal. Der Zugbegleiter klopft mit einem Bleistiftstummel einmal – tack – gegen das Fenster. Fahrer schließt per Knopfdruck alle Wagentüren, nur nicht die ganz vorn. Begleiter klopft zweimal – tack, tack – gegen die Scheibe.

Zug rollt an. Und jetzt kommt der bewundernswerte Moment. Der Zugbegleiter rührt sich nicht, bis die offene Tür kurz vor ihm ist. Da aber vollführt er eine elegante Vierteldrehung, hebt leicht das ausgestreckte rechte Bein, senkt den Fuß auf den Wagenboden, berührt mit stützender Hand den Türrahmen, läßt sich vom immer schneller werdenden Zug aufnehmen, mitnehmen. Fließende, unnachahmliche Bewegung. Viel schöner als der Sprung auf den holpernden Bolle-Wagen. Schade, Zugbegleiter dieser Couleur gibt's nicht mehr.

Leichter Schatten fällt auf mein Programm. »Wölfchen«, sagt meine Mutter, »ich bin heute vormittag ohnehin am Bayerischen Platz, da kann ich schnell beim Gymnasium in der Martin-Luther-Straße vorbeischauen und fragen, wie deine Leistungen sind.«

Eine von mir zu akzeptierende Verfahrensweise, denn meine Mutter ist halt ehrgeiziger als ich. Ohne große Anstrengung kann ich mir ausrechnen, was die Glocke schlagen wird. Ich verschiebe die U-Bahn-Reise auf den Nachmittag und fahre zur Schule. Kann ja sein, daß man nach mir fragt.

Nach der Märchenvorstellung marschiere ich kaltblütig nach Hause. Ich weiß, daß mir etwas blüht, ich bin mir nur über den Ablauf der Handlung nicht ganz im klaren. Kaum in der Wohnung, bekomme ich den großen Durchblick: Zum ersten und einzigen Mal in seinem Leben benutzt mein Vater sämtliche Requisiten, die eine Schneiderwerkstatt zu bieten hat, um mich nach allen Regeln bürgerlicher Auffassung von Kindererziehung zu verdreschen. Und was meine Mutter über mich in der Schule erfahren hat, er gibt es wieder – bei jedem Schlag eine Silbe oder ein Wort. Das dauert und schmerzt...

Getroffen haben wir Nichtteilnehmer am Unterricht uns in einem selten benutzten Raum neben der Turnhalle, wo uns der »Lehrkörper«, mittlerweile aus mehr oder minder strammen Nazis bestehend, in dem Moment aufstöberte, als ich Waldemar Bonsels' von mir dramatisierte »Biene Maja« zum besten gebe und meinen entzückt lauschenden Kameraden die ketzerische These entwickle, Schulbeginn im Alter von sechs Jahren sei für Kinder Quälerei, erst Achtjährige werden reif zum Lernen, nachdem sie zwei Jahre länger gespielt haben. Schule ist Quatsch, überlege ich, was man mühsam in den ersten Schuljahren lernt, kann man leicht als Zwölfjähriger im Bruchteil der Zeit nachholen.

Kurz und schmerzlos werde ich wegen subversiver Umtriebe – was das auch bedeuten mochte – vom Gymnasium gewiesen. Nach längerer Suche findet sich eine andere Schule. Kein humanistisches Institut diesmal, »nur« eine Oberrealschule. Anfangsfremdsprache ist dort Englisch, mein Latein und Französisch kann ich mir also an den Hut stecken. Und: Die Penne befindet sich dort, wo wir gerade weggezogen sind. In Neukölln. Schulweg von Friedenau: eine knappe Stunde.

Glück und Unglück wird Gesang

Die Plattenfirma »Electrola« meldet sich und bietet mir einen Exklusivvertrag an. Hundert Mark pro Lied und fünf Prozent Tantieme. Die Blitzkarriere läuft hektisch an, weil mit meiner reinen Knabenstimme nicht mehr lange gerechnet wird. Die natürlichste Sache der Welt, der Stimmbruch, nimmt bei Gesprächen über die noch verbleibende Zeit Dinosaurierformen an.

Bruno Seidler-Winkler, Chefdirigent von »Electrola«, ist fast täglich bei uns zu Hause, prüft Belastbarkeit und Umfang meiner Stimme, transponiert die Partituren entsprechend, stellt ein Sofortprogramm von siebenundzwanzig Titeln zusammen. Was arrangiert wird, ist vom Feinsten. Als Einstieg ein Kinderliederpotpourri mit großem Orchester und dem Valdo-Favre-Chor. Dann internationale Titel bis hin zu den schönsten Wiegenliedern von Mozart, Reger, Friedemann Bach und Brahms. Ehrgeiz von Seidler-Winkler: Die Partitur »Schlafe, mein Prinzchen, schlaf ein« von mir noch um einen halben Ton höher singen zu lassen als die schon bestehenden Aufnahmen der Wiener Sängerknaben oder der Regensburger Domspatzen. Das gelingt, wenn auch mit gelegentlichen Schwierigkeiten des sich ankündigenden Stimmbruchs. Und plötzlich bin ich der schönste Knabensopran Europas.

Allerlei Tricks werden angewandt, das drohende Ende der Karriere hinauszuzögern. Ich muß in Mengen gequirlte Eier schlucken, pfundweise Backpflaumen kauen, gegen Zugluft dicke Schals tragen. Alles soll gut sein für die Erhaltung der lupenreinen Stimme. Mein Leben ist abgeschottet von anderen Kindern, ich darf nicht mehr machen, was ich will. Für siebenundzwanzig Lieder reicht meine Stimme noch. »Ave Maria«, »Letzte Rose«, »Weißt du, wieviel Sternlein stehen« – Schubert, Bach, Mozart, alles was in dem Genre verfügbar ist.

Ich beende die Sache auf radikale Weise. Dort, wo ich laufen gelernt habe, in der Neuköllner Hasenheide, mache ich meinem Sängerknaben-Image mit Gewalt den Garaus. Ich schreie so laut und so lange, bis die Stimmbänder nur noch ein heiseres Krächzen bringen und vom glockenreinen Sopran nichts mehr übrig ist. Die Konditionen des Vertrages können daher nicht erfüllt werden, alle Aufnahmetermine werden abgesagt, meine Mutter ist traurig, Seidler-Winkler beknirscht sich, ich jedoch, ich darf wieder das sein, was ich sein wollte: Kein Sänger.

Schöne Seelen finden sich

Regisseur Veit Harlan hat Leo Tolstoi gelesen und dreht in Anlehnung an dessen Novelle den Film »Die Kreutzersonate«. Als Gruschenka wieder Hilde Körber, die in dieser Rolle sogar singen muß: »Die Männer haben eine doppelte Moral...«

Leidenschaftlich, jedoch unerwidert, liebt der Geigenvirtuose Gregor, gespielt von Albrecht Schoenhals, meine Filmmutter Lil Dagover. Sie ist Pianistin, unverstanden von ihrem Gatten, der sie zum Schluß erschießt. Und ich bin der Russenknabe Wassja am Rande des dramatischen Liebesgeschehens.

1938 werden noch zwei Filme gedreht, in denen ich Kinderrollen spiele, deren Handlung sich mir jedoch völlig entzogen hat: »Heimweh« und »Frauen für Golden Hill«.

Ein Jahr später stehe ich abermals für Harlan vor der Kamera. Er inszeniert »Die Reise nach Tilsit« mit Kristina Söderbaum, die nach seiner Scheidung von Hilde Körber seine zweite Frau wird. Frau Söderbaum wird von ihrem zukünftigen Leibregisseur auf filmische Verhaltensweisen und Verwicklungen festgelegt, die zumeist erst durch ihren drehbuchgerechten Selbstmord gelöst werden können: Sex als schreckliche Sünde, Monogamie als

1937. Als Wassja im UFA-Film DIE KREUTZERSONATE. Seine Filmmutter: Lil Dagover Regie: Veit Harlan. (6)

Hindernis für Sex, Sex als Mittel zur Erpressung, Sex als Vehikel der Todessehnsucht, Sex zwischen Geschwistern. Auch »tot« sieht sie immer so wundervoll aus, daß der Eindruck entsteht, Suizid sei köstlich.

Sie muß mit dem Spottnamen »Reichswasserleiche« leben, wie Leni Riefenstahl durch ihre Bergfilme zur »Reichsgletscherspalte« wird. Die vom Propagandaministerium erfundenen anmaßenden Wort-Ungetüme wie »Reichsschrifttumskammer«, »Reichstheaterkammer« und »Reichsfilmdramaturgien« sind für die Berliner Vorbild genug.

1939. Im Tobis-Film DIE REISE NACH TILSIT mit Kristina Söderbaum und Albert Florath. Regie: Veit Harlan. (8)

Neben dem männlichen Hauptdarsteller Frits van Dongen wird ein alter Lehrer zur sympathischsten Person in diesem Film »Die Reise nach Tilsit«: Albert Florath, in allen seinen Rollen schrullig, kauzig und von erstaunlicher sprachlicher Präzision. In »Tilsit« spiele ich seinen Enkel. Während der Dreharbeiten ist er gerade fünfzig Jahre alt.

Bei Gesprächen mit meiner Mutter ist Harlan der Ansicht, daß das Abitur für einen wie mich verschwendete Zeit sei. Ich solle mich der Praxis des Films zuwenden und bei einem seiner Mitarbeiter Regieassistenz lernen. Herrjeh noch mal, welche Musik in meinen Ohren und welch leidvolle Zer-

Wolfgang Kieling

das meistbeschäftigte Kind im Film und Funk

knirschung bei meiner Mutter. Sie gerät ziemlich aus dem Häuschen, als ich die Schule mit mittlerer Reife quittiere.

Warum Harlan so eine Art Vorschlagsrecht gehabt hat? Ich bin mit den Harlan/Körber-Kindern Maria und Thomas eine ganze Zeitlang aufgewachsen.

*

Logisch, daß ich mir nach dem Verlassen der Schule vorkomme, als sei ich der absolut Größte, und eine Woche vor seinem Geburtstag am 7. Dezember frage ich Albert Florath ungebremst, ob er mir Schauspielunterricht geben wolle.

Er hat zu diesem Zeitpunkt bestimmt die zweite Flasche Rotwein intus, zwinkert mich aus wässerigen Augen an und brummt ratlos: »Mein lieber junger Freund, ich habe noch nie einen Schüler gehabt.«

Also mache ich ihm mit kühnem Wortschwall verständlich, daß das kein Hinderungsgrund sein kann, mit mir anzufangen. »Ich will auch vorsprechen!«

Er nimmt erst einmal einen frischen Schluck. »Und was, wenn ich fragen darf?«

»Den Monolog des Mortimer«, antworte ich dreist.

Florath guckt auf meine kurzen Hosen, vergegenwärtigt sich offenbar, daß ich erst fünfzehn bin, schmeckt abermals an seinem Roten und grinst freundlich, soll heißen, er ist ungemein amüsiert.

»Maria Stuart, ja? ›Graf, dieser Mortimer starb Euch sehr gelegen!‹ Komm am Mittwoch zu mir.«

Mittwoch, der 6. Dezember, also. Einen Tag vor seinem Geburtstag. Nicht weit vom Bayerischen Platz, in einem Haus der Rosenheimer Straße, bewohnt er die beiden oberen Etagen mit dazugehörendem Dachgarten. Eine der schönsten Wohnungen, die ich kennengelernt habe. Eine Super-Maisonette.

Ich kann mich zwar seelisch noch nicht in die Lage des leidenschaftlichen Verschwörers Mortimer versetzen, der seine Königin Maria Stuart aus Schloß Fotheringhay befreien will – »Ich rette dich, ich will es, doch so wahr Gott lebt, ich schwör's, ich will dich auch besitzen!« –, aber ich habe meinen Schiller, den Monolog des Mortimer, der sich nach Verrat und Aufdeckung der Verschwörung bei seiner Verhaftung selbst meuchelt, exakt auswendig gelernt.

Während ich – ein imaginäres Messer im Bauch – mit versagender Stimme Mortimers letzte Rechtfertigung auf dem Boden aushauche, klingelt es an der Wohnungstür ohne Rücksicht auf den »Sterbenden« und gerade auch in dem Augenblick, als Florath sich bereit erklärt, mich unter seine Fittiche zu nehmen.

Zwei baumlange SS-Männer in Gala-Uniformen fordern Florath in schöner Herrenmenschenmanier auf, sie sogleich und ohne Widerrede in die Schorfheide zu begleiten, wo Hermann Göring mit seiner Frau Emmy, geborene Sonnemann, und

Tochter Edda im hermetisch abgeriegelten Reichsjägermeister-Sitz Karinhall seiner harren.

Der Grund? Es ist doch der 6. Dezember! Florath muß auf höchsten Befehl den Nikolaus machen fürs hohe Töchterchen! Ein Maskenbildner, der den Bart ankleben, ein Garderobier, der Mantel und Kapuze richten soll, stehen unter den märkischen Kiefern bereit. Dort, wo der rote Adler immer hochsteigt...

Die beiden Schwarzuniformierten eskortieren Florath aus der Wohnung und die Treppe hinunter. Er flucht ungeniert auf alle und alles, und ich höre seine erregte, unverwechselbare Stimme noch von der Straße vor dem bereitstehenden schwarzen Mercedes heraufschallen.

Ich warte auf ihn in einem kleinen separaten Studierzimmer, in das man über den Dachgarten gelangt. Eine Couch steht darin, und auf der habe ich auch später noch manche Nacht geschlafen.

Sehr spät wird Florath zurückgebracht. Er ist fuchsteufelswild. Angriffslustig zieht er seinen Kopf zwischen die Schultern. Er hat ohnehin einen sehr kurzen Hals. Mit ein paar Gläsern Wein trinkt er sich seine Wut erst richtig schön. »Hohe Frau läßt sich diese Sonnemann von den Lakaien nennen! Und die Eltern von ihr haben in Hamburg ein Bonbongeschäft. Als Schauspielerin hatte ihre Tochter nix auf der Naht. Da sind sie zu Paule Eger gerannt und haben ihn bekniet, ihre Tochter zu engagieren...«

»Wer ist Eger?«

»Intendant vom Hamburger Schauspielhaus. Und die olle Naschkatze hat bei Sonnemanns immer seine Schokolade gekauft. Er läßt Emmy vorsprechen, und es graust ihn. Er bringt ihr bei, in netter Form natürlich, in der Provinz anzufangen. Sie geht nach Weimar. Und jetzt kommt der große Zufall, Junge: Der dicke Göring muß da bei 'ner Veranstaltung eine Rede halten, geht abends ins Theater, sieht die walkürenhafte Emmy, verliebt sich, macht sie mit einem Federstrich – einfach so – zur Staatsschauspielerin! Als preußischer Ministerpräsident, meint er, kann er keine von der Schmiere heiraten! Hohe Frau! Und bei so feinen Leuten muß ich den Nikolaus machen!«

Mir fehlt zwar der nötige Durchblick, trotzdem gebe ich meinen Senf dazu. »Ganz so dämlich kann sie doch nicht sein. Sie hat die Minna von Barnhelm gespielt. An Hitlers Geburtstag.«

»Und Gustaf Gründgens hatte herzliche Abschiedsworte für sie«, schimpft er. »Als ob eine große Tragödin der deutschen Bühne abgetreten ist! Und die Minna, du lieber Gott, ist kein besonders schwerer Lustspielpart. Der Tellheim ist der wichtige Mann. Und jetzt ist Ende der Veranstaltung! Ich habe keine Lust mehr, mich zu ärgern!«

Das Zimmerchen auf Floraths Dachgarten wird de facto mein zweiter Wohnsitz, denn neben dem Schauspielunterricht stehe ich fürderhin von früh bis spät in den Babelsberger Ufa-Ateliers hinter der Studiokamera als Lehrling bei einem Regieassistenten. Außerdem muß ich eine dringende Bitte meiner Mutter erfüllen. »Junge«, hat sie gesagt, »ich meine, du solltest jetzt doch das Abitur machen!«

Also gehe ich von 18.30 bis 22 Uhr auf ein Abendgymnasium und büffele all das, von dem ich mich nach der mittleren Reife befreit glaubte. In den meisten Nächten bin ich auf maximal drei Stunden Schlaf gekommen.

Den Mortimer hat Florath »mangels Masse« erst einmal auf Eis gelegt. Mittlerweile darf ich Abi zu ihm sagen, ein großer Freundschaftsbeweis, glaube ich, und er gibt mir den Valentin auf. Ausgangspunkt: Gretchen, das dumme Ding, hat sich von Faust verführen lassen, und Valentin, ihr Bruder, fordert Faust zum Zweikampf. Mephisto, der Schurke, lähmt des jungen Mannes Hand, er wird besiegt, hat jedoch ausreichend Zeit, seine Schwester zu verfluchen. »Du fingst mit Einem heimlich an, bald kommen ihrer mehre dran!«

Aber wie ich den Valentin auch anpacke, Abi ist nie zufrieden. Spät abends bricht er den Faust ab, weil illustre Gäste erwartet werden. Ich ziehe mich, todmüde, ins Studierzimmer zurück und haue mich auf die Couch.

Morgens um zwei Uhr höre ich ihn die steile Treppe, die beide Etagen miteinander verbindet, heraufschnaufen. Schwer atmend öffnet er die Tür, unter dem Arm eine in ein feuchtes Handtuch gewickelte Rotweinflasche, in der Hand ein Glas.

Albert Florath (1888 – 1957) gab ihm Schauspielunterricht. (7)

»Junge! Los! Valentins Tod! Es geht weiter: ›Ich sterbe! Das ist bald gesagt und bälder noch getan...‹«

Ich fange wieder an, und als ich, meiner Meinung nach glänzend, zu Schwester Gretchen sage: »Und wenn dich erst ein Dutzend hat, so hat dich auch die ganze Stadt!«, winkt Abi ab.

Er atmet keuchend, süffelt behaglich zwei, drei große Wirkungsschlucke, grantelt: »Das kannste dir wohl nicht vorstellen, daß der Mann waidwund ist! Faust hat ihn soeben abgestochen, das Blut läuft, er wird immer matter, weiß, daß er nur noch wenig Zeit hat, bäumt sich noch einmal auf... was rede ich! Mach zwanzig Liegestütze! Schaffst du die?«

»Ich hoffe.«

»Hoffen und Harren macht manchen zum Narren! Also los!«

Ich fange an zu pumpen. Rauf, runter, rauf, runter. Bei fünfzehn keuche und zittere ich schon ganz schön valentinsmäßig. Abi schluckt Roten. Bei zwanzig versuche ich den Monolog noch mal und habe die Nummer voll drauf. Waidwund, soeben erstochen, matt, aufbäumend: »Ich sag dir's im Vertrauen nur...«

Mitten hinein in meine Todesnot Abis Regieanweisung: »Linke Hand zur rechten Schulter! Da isser verwundet! Noch mal!«

»Ich sag dir's im Vertrauen nur: du bist nun doch einmal eine Hur'!«

Zum Schluß gibt Abi Texthilfe als Gretchen.

»Mein Bruder! Welche Höllenpein...«

Valentin, unheimlich schwach: »Ich sage, laß die Tränen sein! Da du dich sprachst der Ehre los, gabst mir den schwersten Herzensstoß. Ich gehe durch den Todesschlaf zu Gott ein als Soldat und brav!«

Im Textbuch steht in Klammern STIRBT. Abi ist zufrieden. Hebt das Glas und brummelt: »Cheerio!«

Das Schweigen ist der Liebe keusche Blüte

Nun bin ich fast erwachsen, habe eine tiefe, aber noch nicht gefestigte Stimme, deretwegen es zwischen Abi Florath und Bruno Seidler-Winkler viele Telefonate gibt. Florath, bei aller Rauheit, will keinen Fehler machen und diese Stimme womöglich überfordern. Außerdem gibt es eine Menge Diskussionen, ob und wie der frühe Ruhm der sogenannten Kinderstars die Entwicklung begünstigt, eher hemmt oder ohne Einfluß bleibt.

Mich hat diese frühe Tätigkeit Dinge gelehrt, von denen ich im anderen Fall vielleicht verschont worden wäre: Angst, Leistungszwang, Lampenfieber.

Damit nun nicht der Verdacht aufkommt, ich sei zu diesem Zeitpunkt noch jenseits von Gut und

Böse: In meiner »Kinderstar-Phase« hat es unzählige Einladungen gegeben. Meistens hat meine Mutter mich begleitet, manchmal bin ich auch allein gereist. In die Mark Brandenburg, in den Spessart, in die Nähe von München und in die Tschechoslowakei. Dort fühle ich mich hin und her gerissen, weil ich mich zuerst nicht entscheiden kann, wo es mir besser gefällt: In der Villa der Familie Rohm bei Karlsbad – die haben fünf Töchter –, oder beim Habelwirt in Thysser am Ziegelteich, der mir ein Holzhaus mit dem Namen »Wölfchen« errichtet, und schließlich eine ganze Reihe solcher Kinder-Villen zu einem kleinen Ort vereinigt, den er »Wölfchensruh« nennt. Ich bin acht Jahre alt gewesen – die Häuschen gefallen mir besser als die Mädchen.

Die simple Einstellung ändert sich nach ein paar Jahren überraschend, als ich mir ernsthaft Gedanken darüber mache, wo der tiefere Grund für jenen Umstand liegt, der in Film, Theater und Romanen ständig neue dramaturgische Verwicklungen über immer dieselbe Sache liefert, in Fachkreisen unter der Arbeitsbezeichnung »Liebe« bekannt.

Über meine Altersgenossen ist zu dieser Zeit die Lexikon-Phase hereingebrochen. Sie fahnden nach Büchern, die im elterlichen Bücherschrank hinter den harmlosen Werken dem Zugriff Unbefugter verborgen werden, schnüffeln neugierig darin und in verschiedenen Lexika nach all dem, das mit zwischenmenschlichen Beziehungen im weitesten Sinn zu tun hat. Auf diese harmlose Weise eignen sie sich frühreifes Wissen von sekundären und primären Geschlechtsmerkmalen an, und sie kommen durch einschlägige Abbildungen zu einer Erkenntnis, von der sie mir in der Abendschule aufgeregt berichten: »Bei Frauen sieht die Anatomie einfach fabelhaft aus!«

Ohne das notwendigste Wissensfundament wird mir, auf klassische Weise, die Praxis beschert. Von Helga und Bommelchen, zwei von drei Töchtern eines Generals, der mich nach München eingeladen hat. Was mit experimentellen Handfertigkeiten beginnt, nimmt über Nacht schlaraffenlandartige Formen an: Helga weiß nicht, daß Bommelchen zu Wölfchens Bastelstunde eilt, und Bommelchen ahnt nicht, daß auch Schwester Helga sich längst dem jungen Gast in allerfreundlichster Weise genähert hat. Gedankenaustausch oder Manöverkritik finden zwischen den Generalstöchtern offenbar nicht statt.

Etwas später haben sie dann doch nach dem strategischen Grundsatz gehandelt: »Getrennt marschieren, vereint schlagen!«

Helga sagt nämlich eines Abends verschämt – es kann auch Bommelchen gewesen sein, ich weiß das nicht mehr genau –: »Heute geht es nicht.«

Was »geht« nicht? Unbeleckt vom Tiefgang funktioneller Erkenntnisse und in dem Glauben, Helga – oder Bommelchen – wolle nichts mehr von mir wissen, habe sich von mir abgewandt, tapse ich in ein anderes Zimmer zu einem anderen Bett, in dem Bommelchen – oder Helga – liegt. Da »geht« es.

Als ich wieder in Berlin bin, kommt es mit

einem meiner Mitschüler zum Gedankenaustausch über all jene Elemente, die durch den eklatanten Unterschied zwischen Männlein und Weiblein auf vielerlei Art so angenehm kurzweilig gestaltet werden können. Schließlich berichte ich über meine Erfahrungen mit »geht« und »geht nicht«. Dieser Knabe, der sein Wissen nur aus dem Lexikon bezogen hat, hält mir sogleich einen weitschweifigen medizinischen Vortrag über Mädchenkörper im allgemeinen und besonderen, über Zyklen, Ovulation, Ovarium, Hypophysenhormone, Fimbrien und Follikel.

Hätte ich mit dieser praxisfernen, aus dem Medizin-Wörterbuch stammenden Weisheit vor Helga und Bommelchen gestanden, ich glaube, ich hätte mich nicht getraut...

Gut Ding will Wein haben

Eines Abends irrt Abi Florath ruhelos aus der Küche, weil er festgestellt hat, daß kein Tropfen Trinkbares – außer Wasser natürlich – sich im Haus befindet.

Peter Igelhoff singt zu der Zeit im Radio gerade einen Schlager, der genau zur Situation paßt: »Ich hab's, gut wie alles Schlechte auf der Welt ist nur der Schnaps! Ich spür', gut wie alles Böse auf der Welt ist nur das Bier! Aber Wasser keinesfalls, das ist nichts für mich, damit wäscht man sich den Hals, aber trinken – brrr – fürchterlich!«

Schräg gegenüber in der Rosenheimer Straße befindet sich eine Künstlerkneipe, die für die Stammkunden ähnliche Zwecke erfüllt wie die Nahrungsmitteldepots von Roald Amundsen auf dem Marsch zum Südpol. Letzte Rettung halb Verhungerter – in Abis Fall für einen fast Verdursteten.

An einem der runden Stehbiertische »hängt« Werner Krauss. In dem Film »Robert Koch – der Bekämpfer des Todes« hat er gerade einen sensationellen Erfolg gehabt als Rudolf Virchow. 1939 ist das übrigens. Den Entdecker des Tuberkel-Bazillus, Robert Koch, hat Emil Jannings gespielt. Regie: Hans Steinhoff, der das deutsche Entdeckergenie auf unangemessene Weise verherrlicht in seinem heftigen Kampf gegen den Bismarck-Gegner und sozial-liberalen Wissenschaftler Rudolf Virchow. Krauss, schwerköpfig, gedrungen, kann sich wie ein Chamäleon jeder Rolle anpassen. Kaum vorstellbar elegant meistert er seinen Part als feingliedriger, fast ätherischer Virchow. Jetzt steht er in der Kneipe und heult. Nicht, weil er betrunken ist. Das sowieso, denn er ist einer der berühmtesten Schluckspechte der deutschen Bühne.

Abi Florath, mit Gespür für Unausgesprochenes, bedeutet mir, mich etwas abseits zu halten, und stellt sich zu ihm. Allein seine Gegenwart scheint befreiend auf Krauss zu wirken, und er spricht fast verächtlich über sich selbst: »Was ich auch mache – es wird immer wieder Virchow.«

»Wer sagt das?«

»Wolfgang Liebeneiner.«

Abi macht eine wegwerfende Geste und schnauft kurzatmig: »Nachwuchsregisseur! Der ist zwanzig Jahre jünger als du! Wann hast du deinen ersten Film gemacht? 1916! Den Dapertutto in ›Hoffmanns Erzählungen‹! Da ist er noch zur Schule gegangen! Trotzdem: Vergiß, was immer er zu dir gesagt hat!«

»Egal – ich schmeiße hin!«

»Nein!« Florath bestellt eine Flasche.

Krauss trinkt. »Doch!«

Abi leert sein Glas. »Welchen Film macht ihr denn?«

Krauss schluckt zwei Gläser aus. »›Die Entlassung‹. Bismarcks letzte Tage als Kanzler. Wieder mit Jannings.«

Neue Flasche. »Ist Liebeneiners Film und nicht deiner, meine ich. Los, jetzt saufen wir uns den Mann schön!«

Es dauert über eine Stunde, bis Abi seinen Vortrag über die veränderte Situation für Schauspieler vor dem neuen politischen Hintergrund und der nicht wegzuleugnenden Tatsache, trotzdem Geld zu verdienen, beendet und Krauss das Versprechen abgenommen hat, am nächsten Morgen wieder zu Liebeneiner ins Atelier zu gehen.

Der Witz am Rande: Krauss und Liebeneiner tragen zu diesem Zeitpunkt den Titel »Staatsschauspieler«, und beide sind führende Mitglieder der Reichstheaterkammer.

Phantasie ist der mächtigste Despot

Anfang 1940 verlasse ich vorübergehend meinen Platz als angehender Regieassistent hinter der Kamera und gehe wieder als Darsteller vor die Kamera. »Falstaff in Wien« heißt der Streifen mit Aribert Wäscher in der Hauptrolle als Theaterdirektor Balocchino. Unter der Regie von Leopold Hainisch ist Wäscher, sonst schon unsagbar komisch, geradezu drollig. Meine Jünglings-Rolle ist kaum erwähnenswert, ebensowenig eine weitere im gleichen Jahr: »Herz geht vor Anker«. Umfeld: etwas derbere Komik, die Pointen aus dem Gegensatz zwischen Bayern und Norddeutschland beziehend. Regie: Joe Stöckl, damals schon, auch als Schauspieler, ein Oldtimer des deutschen Films.

Ein Jahr später werde ich siebzehn Jahre alt, sehe aus wie ein Fünfzehnjähriger, halte mich jedoch für berufen, Abis Studierstube endlich mit der realen Bühne zu vertauschen.

Kaum ist Hans Schlenk, ein berühmter Mann, den ich während meiner Filmerei kennengelernt habe, Intendant des Stadttheaters in Breslau geworden, mache ich mit ihm – klammheimlich hinter dem Rücken von Florath – einen Vorsprechtermin aus. Abi jedoch, der meine Fähigkeiten ganz sicher besser einschätzt, wird ebenfalls – hinter meinem

Rücken – tätig und breitet für mich eine Art roten Teppich aus zum Bühnenaufgang des Stadttheaters Luckenwalde.

Sein Argument: »An einer großen Bühne spielst du noch in fünf Jahren den Pagen von der Königin. Bei der Provinzschmiere kommst du an Rollen ran. Auch mit deinem Milchgesicht.«

Also, Breslau ade! Luckenwalde, ich komme! Aber was sollte das Milchgesicht zum Anfang spielen? Alle Beteiligten einigten sich a) auf Max Halbe, b) auf »Jugend« und c) auf den Studenten Hans Hartwig, den Neffen von Pfarrer Hoppe.

Leider ist weit und breit keine jugendliche Partnerin in Sicht, die das Annchen spielen kann. Annchen muß genauso jung sein wie ich. Bei den Proben zu diesem Liebesdrama in Luckenwalde geht es manchmal zu, bei allem Respekt vor Abi Florath, wie im Komödienstadel.

Er markiert mit seiner gepflegten Rotweinstimme das Annchen, so wie er mir früher im Unterricht als Gretchen oder Maria Stuart meine Einsätze gegeben hat.

Dagegen muß etwas unternommen werden. Mit dem Kollegen Ernst Waldow klappere ich alle Berliner Schauspielschulen nach einem geeigneten Gretchen ab. Schließlich finden wir bei Lyda Salmonova, einer Exfrau von Paul Wegener, ein reizendes sechzehnjähriges Geschöpf, das zufällig die Rolle des Annchen studiert hat: Dagmar Altrichter. Wir geben ein prachtvolles Paar ab. Um ein Haar in allen zwischenmenschlichen Bereichen. Doch bevor es zu privater Verständigung kommt, tritt Reni in mein Luckenwalder Leben.

*

Es ist ein Abend wie jeder andere, als ich nach der Vorstellung in mein Hotelzimmer zurückkehre. In einem Sessel neben meinem Bett, schön und unglaublich adrett, schläft Reni, entzückend wie Schneewittchen. Will sie ein Bild, ein Autogramm, ein Rendezvous, ein Tête-à-tête?

Ich frage: »Wer sind denn Sie?«

Zögernde, nichtssagende Antwort. Will sie sich meiner dezent aufdringlichen Neugier, meinem diskreten Streben bei der Suche nach der Wahrheit aller Dinge mit weiblicher Schläue entziehen?

Pauschal beantwortet: Von der Bühne herunter hat der junge Künstler das entzückende Fräulein beeindruckt, es verwirrt und Wünsche geweckt. So ist das Theaterbillett viel mehr als eine simple Eintrittskarte – und Schauspieler, auch männliche, können ja in gewissen Situationen ungemein dankbar sein.

Aber ganz unabhängig davon, und das ist der Casus obliquus: Es gibt ja, 1941, Lebensmittelmarken, und meine sind Mitte des Monats meistens verbraucht. Und Reni, die Zaubermaus, ist Verkäuferin in einer Ladenkette. Wie heißt die gleich? Tamms & Garfs, richtig. Als sie mich und meinen Tourneeplan ansieht, reift in ihr eine geradezu mütterliche Idee, ein Bratkartoffelverhältnis besonders

Der junge Kieling. (9)

raffinierter Art: Hinter jede kleine Stadt, in der wir gastieren wollen, schreibt sie die Adresse der jeweiligen Filiale und den Namen einer ihr bekannten Verkäuferin.

»Da gehst du dann hin«, sagt sie, »ich rufe alle an.«

Die Sache funktioniert in idealster Weise. Wo immer wir gastieren, ich marschiere zuerst in die Tamms & Garfs-Filiale, frage nach dem von Reni bezeichneten Mädchen und bekomme ein umfangreiches Lebensmittelpaket in die Hand gedrückt.

Dagmar Altrichter zeigt für den sich ständig wiederholenden Vorgang kein Verständnis. Sie kann sich nicht vorstellen, daß die nahrhaften Begegnungen so ganz ohne Gegenleistungen vonstatten gehen, zumal ich ja – durch die Empfehlungen aus Luckenwalde – unheimlich gut »im Futter« bin. Mal beiseite gesprochen: Ihr Mißtrauen ist berechtigt…

Als wir wieder in die Basis zurückkehren, treibt ein Kollege einen Pferdemetzger auf, bei dem es die vierfache Menge der jeweiligen Fleischmarkenration gibt. Von kriegsbedingten Einschränkungen spüren wir wenig. Obwohl wir mit 165 Mark Monatsgage nicht die größten Sprünge machen können, bilden wir uns ein, geradezu orgiastisch zu leben. Mit einer Einschränkung, gebe ich zu: Dagmar muß nach Berlin zurück, um ihr Studium fortzusetzen.

*

Zwischendurch stehe ich für zwei Filme im Atelier: »Jenny und der Herr im Frack« mit dem ungarischen Komödienregisseur Paul Martin, und »Krach im Vorderhaus«. Eindeutig auf Veit Harlans Erfolgstitel von 1935 »Krach im Hinterhaus« getrimmt, konnte der Streifen seinem Vorgänger nicht das Wasser reichen. Harlan hatte Maximilian Böttchers Stück auch am Berliner Schiffbauerdamm-Theater mit Erfolg inszeniert.

Links und rechts Propheten, ich in der Mitte

Selbstverständlich gibt es sehr ernste Zeichen dafür, daß wir uns im Krieg befinden. Einer nach dem anderen meiner Kollegen wird eingezogen. Ich bin – zum Glück – noch zu jung. Doch davon, daß ich genau die richtige Kragenweite für den Reichsarbeitsdienst habe, ist manchmal die Rede. Ich bin verunsichert, betrachte meine langen Haare im Spiegel und stelle mir mit Grausen vor, wie ich mit dem obligaten Stoppelschnitt aussehen werde. Daß ich in der ungemein kleidsamen erdbraunen Uniform ganz bestimmt den Eindruck einer verhungerten Heuschrecke machen werde, ist mir auch klar.

Kollege Ernst Waldow will mir Gewißheit verschaffen. »Geh mal zu 'ner Hellseherin, die sagt dir, was Sache ist. Ich hab' da 'n Geheimtip!«

Er verrät mir den Namen – Ursula Kardosch. Ihr Ruf als Wahrsagerin beruht vornehmlich auf der Tatsache, daß ihr Haus in der Berliner Coubièrestraße nach einem schweren Bombenangriff als einziges stehengeblieben ist. Was weder Waldow noch ich wissen, und was mir nach vielen Jahren zu ernsten Unannehmlichkeiten verhilft: Politische Prominenz suchte die Dame für einen ihrer Blicke in die Zukunft auf, und die Kardosch hielt alle Besuche in ihrem Tagebuch akribisch fest.

Ich melde mich an beim Orakel von Berlin, marschiere neugierig hin, bezahle, und das Ergebnis der Séance ist ungemein vielversprechend: Ich würde, sagt die Kardosch weise, aufmerksam mein Gesicht, meine Hände betrachtend, von allem verschont bleiben! Von Krieg, Krankheit, Verwundung, Gefangenschaft. Mit anderen Worten, mein Leben sei in Zukunft schiere und friedvolle Lust, nicht gerade ein einziges Zuckerschlecken in der Gegenwart, aber – soweit sie das sehe – keine besonderen Vorkommnisse.

Sie hat haargenau das Gegenteil dessen vorausgesagt, was nachher, und über Jahre gestreckt, eingetreten ist. Die falsche, doch so tröstliche Auskunft ist zu jenem Zeitpunkt allerdings sehr wichtig für meine Mutter. Sie hat Darmkrebs und vier scheußliche Operationen überstanden. Als sie transportfähig ist, bringe ich sie nach Bad Kissingen zur Erholung.

Meinem Vater geht es glänzend. Er hat sein Geschäft aufgelöst, die Schneiderei an den nächsten Nagel gehängt und ist zum Film gegangen. Zuerst als Garderobier, dann als Leiter des Kostümfundus bei der Ufa in Babelsberg. Meine Besuche bei ihm haben einen egoistischen Hintergrund. Ich kann dort mein Französisch aufpolieren. Otto Kieling beschäftigt nämlich im Fundus zwanzig französische Kriegsgefangene für die Reinigung und Instandsetzung der Kostüme.

Unter dem Begriff »Fremdarbeiter« sind auch eine Menge Zivil-Franzosen in Berlin. Und für die läuft wochenlang, auf Anordnung des Propagandaministeriums, in einem kleinen Kino am Kurfürstendamm neben der »Filmbühne Wien« ein zauberhafter Liebesfilm in Originalfassung: »Le premier Rendezvous« mit Danielle Darrieux und Louis Jouvet. Die meisten der sich unfreiwillig in Berlin aufhaltenden Franzosen haben das Stück an die zwanzigmal gesehen. Flimmernde Heimat und ein Hauch von Liebe, auch wenn die Kopie nach den vielen Vorstellungen schon recht »verregnet« ist. Und die jungen Franzosen, zur Dreckarbeit in den Fabriken gezwungen, haben ihr Schicksal für einige Zeit verdrängt.

In Luckenwalde steht »Der Strom« von Max Halbe auf dem Spielplan und beschert mir meine zweite, altersmäßig vertretbare Hauptrolle, den Jakob. Aber danach wird es mit den Rollenangeboten eng. In Gerhart Hauptmanns »Biberpelz« erscheine ich mit angeklebtem Rauschebart als Dr. Fleischer vor dem Publikum, Vater des Bühnen-Sohnes Philipp. Das ist der Auftakt zu endlosen Verkleidungen, mit denen ich mich durch die Rollen-Generationen schlage.

Zur »Biberpelz«-Premiere kann Abi Florath nicht kommen. Er schickt ein Telegramm: »Geh männlich und mach keene Plüschoogen. Toi, toi, toi. Abi.«

Abi wirkt weiter hinter den Kulissen. Er sieht in mir den jugendlichen Helden, obwohl ich schon damals so kurzhalsig und kurzsichtig wie heute durch die Gegend tapse. Niemand erkennt in mir des Meisters vollendetes Werk.

Kein steinern Bollwerk kann der Liebe wehren

Ende 1942 macht mir das Stadttheater von Potsdam, dem Verbund preußischer Staatstheater angegliedert, ein Angebot. Über dem Portal steht in Stein gemeißelt: »Dem Vergnügen der Einwohner«. Das Parkett ist bereits durchsetzt mit Berliner Publikum. Für einen ruhigen Theaterabend bietet sich Potsdam geradezu an. Ein Katzensprung von Berlin, das schon unter Luftangriffen zu leiden hat. Erste Salondame des Hauses: Joana Maria Gorvin.

Grillparzers Trauerspiel »Des Meeres und der

Liebe Wellen« steht auf dem Plan. Die Priesterin Hero, bekanntlich entschlossen, ihr Leben dem Tempeldienst zu weihen, spielt Ingeborg Eckholm, angereist aus Bochum. Auf dem Weg zum Tempel der Aphrodite begegnet sie dem jungen Leander, Wolfgang K., soeben aus Luckenwalde kommend, der sogleich in tiefer Liebe zu ihr entflammt. Hero kann sich erst später entscheiden zwischen dem Tempel mit seinen Oberpriestern und der Minne im einsamen Turm am Hellespont mit dem schönen Jüngling.

Einige Dinge muß man auseinanderhalten. Zwischen den von uns dargestellten Sagengestalten Hero und Leander liegt eine Meerenge, die erst durchschwommen sein will, ehe es möglicherweise zu Dingen kommt, von denen Hero in ihrer weltvergessenen Liebesfähigkeit träumt. Vorerst wehrt sie ihn ab. »Ich bin verlobt zu einem strengen Dienst, und liebeleer heischt man die Priesterin.« Und flugs verbirgt sie ihn in ihrem Schlafgemach. Soweit Grillparzer.

Nun die reale Lage: Zwischen den beiden Darstellern befindet sich keine Meerenge. Gäbe es die, ich wäre auch als Wolfgang zu Ingeborg geschwommen. Von Träumen im engen Rahmen selbstvergessener Liebesfähigkeit kann nicht die Rede sein. Sie wehrt mich auch ab, verbirgt mich aber nicht in ihrem Schlafgemach.

Zurück zu Grillparzer. Hero, innerlich schier außer Rand und Band, spricht zu Leander: »Komm morgen denn!« Sie stellt ein Lichtelchen ins Fenster, damit der kühne Schwimmer beim Durchqueren der Meerenge sein Ziel nicht aus den Augen verliert. Doch der böse Oberpriester, ein Onkel der Hero, löscht das Licht. Leander, ohne optisches Ziel, ertrinkt im stürmischen Hellespont.

Potsdamer Bühne. Letzter Akt. Ich werde, als Leiche, am Ufer von Sestos angeschwemmt. Hero/Ingeborg findet mich, den Geliebten, wirft sich klagend, weinend über mich. Leander/Wolfgang, achtzehn, findet den lang andauernden Körperkontakt unheimlich gut, braucht – als Toter – keinen Text mehr zu sprechen, kann sich also voll und ganz auf all das konzentrieren, was die junge Kollegin von der Natur her zu bieten hat und unter darstellerischen Zwängen ohne Unterbrechung an ihn drückt.

Was auch Grillparzer und der Regisseur mit dem Stück beabsichtigt haben – ich reagiere, halb unter Hero liegend, sehr männlich und unwillkürlich und vor allem höchst sichtbar für das Publikum. Himmel noch mal, wie peinlich für Potsdam.

Geistesgegenwärtig reißt der Darsteller des Naukleros, Freund des Leander, einen Umhang an sich und bedeckt damit die liebestolle »Leiche«.

Mit einer Frage an Gott Amor endet das Stück: »Versprichst du viel und hältst du also Wort?«

Vorhang.

Als die Preußen marschierten vor Prag

Albert Florath startet einen diskreten Versuch, mich von Arbeitsdienst und Wehrmacht auf seine Weise zu »beurlauben«. Die Tschechoslowakei, die im deutschen Sprachgebrauch »Protektorat« heißt, ist quasi Dependance der deutschen Film-Industrie geworden. Die »Bavaria« zum Beispiel hat sich in den Prager Barandow-Studios eingenistet, um von Kriegsereignissen ungestört drehen zu können. Veit Harlan macht dort gerade »Die goldene Stadt« mit Kristina Söderbaum – ist ja klar –, und Kurt Meisel, der einen wirklich hinterhältigen Verführer aus dem Ärmel schüttelt, spielt einen »Tschechenlümmel«. Und seinetwegen geht die Söderbaum – ist ja auch klar – in selbstmörderischer Absicht ins Moor. Rudolf Prack und Paul Klinger sind mit von der Partie und müssen Männer mit gutem Charakter spielen.

Abis Verhandlungstricks, meine Haut zu retten, ist nicht der geringste Erfolg beschieden. Kein Film auf der breitgefächerten Palette, in dessen Drehbuch für mich eine klitzekleine Rolle »hineingeschrieben« werden kann.

Hingegen beflügelt mich das Ergebnis eines Vorsprechtermins in München bei Otto Falkenberg ungemein. Ich fahre mit der Gewißheit zurück, in der nächsten Spielzeit in den »Kammerspielen« anfangen zu können.

Eine Kleinigkeit verhindert überraschend den Auftritt in München: Meine nächste Premiere findet nicht an der Isar, sondern in der Nähe des Städtchens Karstädt zwischen Ludwigslust und Perleberg statt. Das Stück heißt »Reichsarbeitsdienst K 6/94«, spielt nicht auf der Bühne, sondern in Baracken. Meine Rolle: Arbeitsmann. Mein Kostüm: Uniform, erdbraun, häßlich, ohne Anprobe, nicht nach Maß. Mein Regisseur: Reichsarbeitsdienstführer Konstantin Hierl.

Wie schnell das geht. Nun bin ich auch weg vom Fenster. Wie so viele Freunde und Gefährten aus meiner jungen Welt. An einen muß ich besonders oft denken: Max Aschheim-Hilner, der zuerst verschwindet und dann neu geboren wird. Max, groß gewachsen und ein sogenannter schöner Mann, einziger Sohn und Alleinerbe mit geschäftlicher Zukunft, gehört zum Kreis jener jungen Juden, die den Hitler-Spuk einfach nicht wahrhaben und das Debakel abwarten wollen. Seine Eltern emigrieren nach England. Kurz vor ihrer Abreise präsentiert er seinem Paten ein junges Mädchen, groß und schön, Maria. Sie heiraten und werden glücklich.

Der Max hat seine Maria, das weiß nur ein ganz enger Kreis, in einem Bordell der Luxusklasse kennengelernt. So weit, so gut. Doch seine Rechnung, das deutsche Debakel betreffend, geht nicht auf. Eines Morgens wird er abgeholt und nach Oranienburg gebracht. Dort befindet sich ein Konzentrationslager. Maria, seine junge, begehrenswerte Gattin, fährt hinterher, erinnert sich dort im Haus des Lagerleiters für zwei, drei Stunden ihrer früheren Profession. Kurzum: Sie hat ihren Max freigeschlafen.

Die beiden sind noch Jahrzehnte zusammen, unzertrennlich wie am ersten Tag. Über Marias Einsatz wird nie gesprochen. Kein Sterbenswörtchen...

Noch einer fällt mir ein. Gerd Joachim. Anfang des Krieges kommt er mit seinen Eltern aus Mexiko zurück nach Deutschland, wir machen auf der Abendschule gemeinsam das Abitur. Ich fühlte mich ihm besonders deshalb verbunden, weil er mir durch seine Erzählungen über fremde Länder und Gebräuche eine neue Welt zugänglich macht. Ich kann ihm stundenlang zuhören und revanchiere mich mit Berichten über meine nicht gerade übliche Kindheit.

Wir absolvieren schließlich alle Rituale der Blutsbrüderschaft, wie Mark Twain sie uns gelehrt hat. Bald meldet er sich freiwillig zur Marine, gründet, viel zu früh, eine Familie und säuft als blutjunger U-Boot-Kommandant zweimal ab.

Ich greife dem Ablauf der Ereignisse vor: Er macht eine Spitzenkarriere als Chemiker, hat ein eigenes Labor, eigene Mitarbeiter, eigene Versuchsreihen. Aber auch so jemand hat mal Zahnweh. Er geht zum Arzt, der macht ihm eine provisorische Füllung und entläßt ihn mit dem Rat, wiederzukommen, wenn die Schmerzen stärker werden.

Sie werden unerträglich. Er will jedoch eine Versuchsreihe nicht im Stich lassen, während seine Assistenten in der Kantine sind. Der hochdotierte Diplomchemiker, abgelenkt, unkonzentriert durch die bohrenden Schmerzen, mischt sich selbst ein Mittel, vertut sich um eine Null hinter dem Komma. Als seine Kollegen vom Mittagessen kommen, liegt er tot in seinem Arbeitszimmer.

Wackrer Apotheker, dein Trank wirkt schnell

Zurück in die Karstädter Baracken. Es gibt einen »Vormann«, der Spaß daran hatte, uns im Umland immer etwas mehr zu schleifen als andere Ausbilder. Warum? Die Frage ist auch von Nicht-Psychiatern leicht zu beantworten. In seiner Gruppe sind einige Abiturienten, und er kann nicht mal das Wort gescheit aussprechen. »Abbirenten«, sagt er. Ein Schauspieler ist dabei. Vielleicht hat er zu Hause gelernt: »Hängt die Wäsche weg, die Komödianten kommen.«

Er soll uns Benehmen und Tischsitten beibringen, gerät jedoch in Verlegenheit, als er in der Kantine ans Telefon gerufen wird. Er hält das Mikrofon ans Ohr und spricht dort hinein, wo die Stimme des Teilnehmers herausschallt, begreift erst spät, wie er den Hörer halten muß.

Und dann ist da noch Happy, ein bulliger Typ mit treuherzigem Blick. Er heißt nicht so, will jedoch so genannt werden. Happy kennt mich, für Happy bin ich offenbar Abgesandter einer besseren Welt. Er hat mich sowohl auf der Bühne als auch im Film gesehen. Vermutlich auch meinen Jakob in Max Halbes »Strom«. Also sagt er Jakob zu mir. Vor dem ersten größeren Appell rät er mir, mich zu melden, wenn nach Leuten gefragt wird, die über medizinische Kenntnisse verfügen. Dann würde sich alles von selbst regeln.

Genauso läuft die Sache ab. Vor versammelter Front wird gefragt, ich melde mich, und da erschallt der Befehl: »Arbeitsmann Kieling links raustreten!«

Fortan bin ich Hilfs-Heilgehilfe – Sani, sagen sie – und wohne in der Sanitätsbaracke, fern von der Massenabfertigung. Meine Aufgabe: Wenn die Jungs von ihren Übungsmärschen zurückkehren, jede Menge Blasen an den Füßen aufpieken und versorgen, der verbreiteten Furunkulose entgegenwirken und Pülverchen verabreichen, die möglicherweise Influenzen lindern. Die Lagerapotheke hält für die meisten Gebreste nur Lebertran, Vaseline, Rhizinus und Ichthyol bereit. Meine Ausbildung zum Medizinmann ist deshalb schon durch die zur Verfügung stehenden Mittel stark eingeschränkt.

Als äußeres Zeichen meiner gehobenen Stellung trage ich eine weiße Drillichjacke.

»Siehste, Jakob«, sagt Happy an dem Tag, an dem er zur Wehrmacht überwechselt, »so einfach is det!«

In der Nähe unserer Baracken befindet sich ein Lager für Arbeitsmaiden. Die bevölkerungspolitischen Aspekte des Dritten Reiches können so ernst nicht sein, denke ich mir, denn diese Maiden, die ja in erster Linie Mädchen sind, werden von uns germanischen Spatenträgern streng abgeschirmt. Es gibt kein durch den Drahtzaun geflüstertes Sommernachtsvergnügen, keinen Volkstanz, kein gemeinsames Werken an der deutschen Scholle.

Eine Spezies Mann darf hingegen von hüben nach drüben. Die LKW-Fahrer, die für beide Lager Nahrungsmittel bringen und Kantinen und die sogenannte Marketenderei mit dem Nötigsten versorgen. Was die Fahrer außerdem für das »Nötigste« halten, muß mehr im spontanen Bereich gelegen haben.

Nach Happys Abgang zur Infanterie avanciere ich – als Reichsarbeitsdienst-Senkrechtstarter gewissermaßen – zum Standortsanitäter und bekomme Patienten, laufend, aus der Transportkolonne mit jener Krankheit, die sich angeblich nur Kavaliere einhandeln.

Diese an sich ernsthafte Geschichte wird von alters her mit Spott auf die leichte Schulter genommen. Meine Kenntnisse im urologischen Umfeld sind gleich Null, und meine Patienten flüchten sich bei meinen Fragen nach der Partnerin – ich muß ja Buch führen – meistens in meteorologische Distrikte. »Vielleicht vom Wind.«

Meiner medizinischen Blitzkarriere bleiben also Grenzen gesetzt. Bei meinem nächsten Medikamenteneinkauf in Perleberg klage ich dem alten Apotheker mein Leid und gestehe, daß ich hilf- und ratlos vor unseren Fahrern stehe, die dringend medikamentöser Behandlung bedürfen, von mir jedoch nur rosa Pillen bekommen, die allenfalls Husten lindern. Die Männer jedoch seien mit mir und meiner schmerzlosen Behandlungsmethode ungeheuer zufrieden. »Ich habe das Gefühl, sie kommen gerne.«

Zuerst amüsiert der alte Apotheker sich schier kaputt. Dann klärt er mich auf und fragt gefaßt: »Wann ist Ihre Dienstzeit beim Arbeitsdienst um?«

»Nächste Woche.«

»Ihr Glück. Ich gebe Ihnen die Adresse von einem Perleberger Arzt. Zu dem schicken Sie die Fahrer. Die werden sich wundern! Drei Tage Bau gibt's nämlich gratis zur Behandlung.« Und er quält sich noch einen Scherz ab, über den nur er lacht: »Männer müssen Maiden meiden.«

Im Handumdrehen ist sie da, diese nächste Woche. Auf der Kleiderkammer gebe ich die merkwürdig unkleidsame Uniform ab und stecke wieder im ungewohnten Zivil, den Gestellungsbefehl der Wehrmacht in der Tasche. Man hat mir auch Lebensmittelkarten in Form von perforierten Bögen »ausgefolgt«, Reisemarken heißen sie, mit den Wochenrationen: 2250 g Brot, 269 g Fett, 400 g Fleisch, 150 g Nährmittel, 250 g Zucker, 0,35 l Schnaps.

Was die Herren beim Wehrbezirkskommando allenfalls ahnen können – ich habe nach der RAD-Zeit weder Lust noch Neigung, dem Ruf zu den Fahnen zu folgen. Außerdem: Jeder auch nur etwas Weise – ich höre das nur, kann das nicht beurteilen, denn ich bin erst achtzehn Jahre – sieht Ende 1942, daß die Sache konsequent den Bach runtergeht.

Da müßten wir nicht Preußen sein

Ich fahre nach Berlin und gehe dort erst ein paarmal ins Kino, weil ich mir einbilde, im vergangenen halben Jahr in den Baracken von Karstädt so gut wie alles versäumt und alle Kontakte verloren zu haben.

Am Kurfürstendamm renne ich in die von Luftangriffen fast ungestörten Nachmittagsvorstellungen der Filmtheater. »Marmorhaus«, »Gloria-Palast« und »Filmbühne Wien«. Am Abend ist meist Fliegeralarm. Das ständige Heulen der Sirenen muß die Berliner doch mürbe machen, denke ich mir und irre mich – die stecken das weg, planen das ein, leben damit.

»Die Entlassung« ist gerade herausgekommen mit Emil Jannings als Bismarck und Werner Krauss als Geheimrat Friedrich von Holstein. Hatte Krauss nicht während der Dreharbeiten das Urteil von Regisseur Wolfgang Liebeneiner in die falsche Kehle bekommen und Abi Florath sein Leid geklagt? »Was ich auch mache – es wird immer wieder Virchow!«

So unrecht hat Liebeneiner nicht gehabt. Oder ist Krauss nur dem gleichen Maskenbildner in die Hände gefallen, der dem Darsteller von Virchow und Holstein zwar historisch richtig dieselbe Frisur, Barttracht und Brille verpaßt hat? Nur: Es ist bei beiden Masken die *gleiche* Frisur, Barttracht und Brille auf dem *gleichen* Gesicht. Und charakterlich liegen beide Figuren – und Zeitgenossen – nicht allzu weit voneinander entfernt: Der aufmüpfige Mediziner Virchow, gleichzeitig im preußischen Abgeordnetenhaus Gegner Bismarcks, mit Partner Jannings als Robert Koch. Im anderen Film der oppositionelle Politiker Friedrich von Holstein, die »graue Eminenz« des Auswärtigen Amtes, als Gegenspieler Bismarcks dessen Entlassung betreibend.

Am nächsten Tag: »Der große König« mit Otto Gebühr. Jedermann hat sich längst daran gewöhnt, daß der Alte Fritz genauso ausgesehen hat wie er. Besonders nach der Schlacht bei Kunersdorf. Und weil Veit Harlan Regie führt, ist natürlich Kristina Söderbaum mit von der Partie. Paul Wegener und Gustav Fröhlich spielen mit. Rund fünf Millionen Mark hat der Film gekostet.

An diesem Tag schaffe ich noch zwei Filme: »Die große Liebe« mit Zarah Leander und Viktor Staal, und »Diesel« mit Willi Birgel in der Titelrolle.

Dann ist mein Bedarf gedeckt. Alle »Lichtspiele«, die ich mir angesehen habe, tragen im Vorspann und auf den Plakaten den Pleitegeier-Stempel mit dem Vermerk des Reichspropagandaministeriums, sie seien »besonders wertvoll«.

Nachdem ich auf diese Weise ins Privat- und Zivilleben eingetaucht bin, stellt sich mir am frühen Abend auf dem verdunkelten Kurfürstendamm die schwere Frage, wie ich mir diesen angenehmen Status erhalten kann. Mit dem Entlassungsschein vom Arbeitsdienst und dem Gestellungsbefehl für die Wehrmacht in der Tasche bleibt für meinen staatlich gebremsten Freiheitsdrang kein großer Spielraum.

Weil Albert Florath nicht erreichbar ist – er dreht irgendwo –, fahre ich nach Zehlendorf. Dort in einem Reihenhaus am Hochsitzweg wohnt Ernst Waldow, der mir schon bei der Suche nach meiner ersten Bühnenpartnerin in Luckenwalde behilflich gewesen ist und mich zur Orakel-Kardosch geschleppt hat. Er spielt glänzend Klavier, vor allem Chopin, und weiß über alles und jeden in der Filmbranche Bescheid. Bei ihm verkehren unter anderem der Bühnenbildner Rochus Giese und der Arzt Dr. Tasche. Sie haben einen antifaschistischen Kreis aufgebaut, verhalten sich konspirativ und bewirken im geheimen unendlich viel Gutes.

Die Herren sind – für mich ist das verblüffend

– nur sich selbst zugeneigt, betrachten Frauen einzig in ihrer Rolle als Mütter und vielleicht als Kolleginnen akzeptabel. Und mich? In mir sehen sie ein Neutrum. Kein Interesse an dem jungen Burschen mit dem kurzen Hals. Na, fabelhaft.

Bei dieser Begegnung Mitte August 1942 erzählt Waldow nicht den üblichen Klatsch, sondern eine entsetzliche Geschichte. »Herbert Selpin ist ermordet worden!«

Selpin ist, neben anderen Arbeiten, Regisseur der Abenteuerfilme mit Hans Albers gewesen: »Sergeant Berry«, »Wasser für Canitoga«, »Trenck, der Pandur«.

Eine Frage von mir erübrigt sich, denn Waldow sprudelt ohne Pause weiter. »Die Tobis-Filmgesellschaft hatte ihm die Regie für ›Titanic‹ übertragen. Die Vorbereitung zu den Außenaufnahmen in Gotenhafen leitete Selpins Mitarbeiter Zerlett-Olfenius. Als der nichts auf die Beine stellte, kam es im Kursaal von Zoppot vor allen Leuten zum Krach zwischen den beiden. Dazu gehörte bei Selpin ja nicht viel – jähzornig und meistens besoffen. Ein Wort gab das andere, und Zerlett verbat sich den rüden Ton, weil Offiziere anwesend waren. Und was brüllte Selpin? ›Du mit deinen Scheißoffizieren und deiner Scheißwehrmacht!‹ Zerlett zeigte Selpin an, aber die Geheime Staatspolizei nahm die Sache zuerst nicht allzu ernst. Aber Zerlett gab keine Ruhe. Am 30. Juli, das war ein Donnerstag, ließ Goebbels den guten Selpin verhaften, und schon am Sonnabend, also am 1. August, war Selpin tot. Von ein paar Gestapo-Bullen in seiner Zelle erwürgt und als Selbstmord getarnt.«

*

Das Datum meines Gestellungsbefehls ist längst verstrichen. Offenbar hat eine übergeordnete Wehrmachtsdienststelle mein Zögern übel vermerkt. Normalerweise werden die unter der Rubrik »Künstler« geführten Wehrpflichtigen zur Nachrichtentruppe geholt. Wenn es zur Funkerei nicht reicht – Telefonieren geht allemal. Ich hingegen muß zu den Sturmpionieren 218 in die Spandauer Seeckt-Kaserne einrücken.

Unter der Bezeichnung »Grundausbildung« beginnt die gezielte Demontage so ziemlich aller moralischen Werte. Nicht nur auf dem Kasernenhof und auf dem Schleifacker, wo die »Herren« Gefreiten und Unteroffiziere mit ihrem abwärts oder aufwärts gerichteten Daumen und ihrem öden »Hinlegen!« und »Auf, marsch, marsch!« selbstgefällig preußische Disziplin und Tradition vortäuschen, die in den Mannschaftsstuben ihre zeitgemäße Fortsetzung findet: Unsinnig korrekter Bettenbau wie mit dem Lineal, blöde Suche nach Staub mit dem angefeuchteten Zeigefinger, Flur- und Toilettenschrubben mit der Zahnbürste. Und wenn ihnen gar nichts mehr einfällt, reißen sie den Inhalt des Spinds heraus und befehlen, alles in einer Minute wieder einzuräumen.

Vor dem Mittagessen müssen die Fingernägel

vorgezeigt werden, und tatsächlich schreitet einer dieser Unteroffiziere jeden Tag die Front ab und prüft die vorgereckten Hände der zukünftigen Vaterlandsverteidiger auf Sauberkeit.

Auch wenn genug Platz ist im Dunstkreis der Ausbilder, um vorbeizugehen, müssen wir Trottel sagen: »Bitte vorbeigehen zu dürfen!«

Nun stellen die Burschen sich unsäglich taub, und mit dieser Mimikry wird die nächsthöhere Stufe der Frage erwartet: »Pionier Kieling bittet Herrn Oberfeldwebel, vorbeigehen zu dürfen.«

Dann nicken sie gnädig und gewähren den Wunsch. Größere Idioten kann es eigentlich nicht geben. Doch, gibt es. Die Krone des Schwachsinns ist der vom Vorgesetzten leutselig geäußerte Gnadenerweis »Weitermachen!«

Wann auch immer ein Ausbilder eine Mannschaftsstube betritt, der Stubenälteste muß Belegstärke und die augenblicklich ausgeübte Tätigkeit der Soldaten melden.

Dann sagt der Vorgesetzte, nachdem die Rekruten aufgesprungen und zur Salzsäule erstarrt sind und er die Meldung entgegengenommen hat: »Weitermachen!«

Auch wenn die zwölf oder sechzehn Leute in dieser Kasernenstube schon auf Null geschaltet haben und absolut nichts tun – sie hocken sich wieder auf ihre Schemel und dürfen das Nichtstun weitermachen.

Ebenso müssen sie eine vielleicht sinnvolle Tätigkeit, Waffenreinigen zum Beispiel, bei dem Ruf

»Achtung!« wie abgeschaltete Roboter unterbrechen, bis der Obermotz sein dämliches »Weitermachen!« von sich gegeben hat. Dann putzen sie emsiger als zuvor.

Vielleicht soll das alles keine Schikane sein. Vielleicht ist es ein ganz übler, psychologisch ausgeklügelter Trick, den späteren Marschbefehl zum Ersatzbataillon an der Front als schiere Befreiung vom unerträglich dämlichen Kasernendasein zu begreifen...

Einem geht es besonders dreckig. Auf ihn stürzen die Ausbilder sich wie die Geier. Was sie auch an Gemeinheiten aushecken, er muß es ausbaden, und er darf im Dienst fast keinen Schritt ohne übergestülpte Gasmaske tun. Warum? Was macht ihn zum Opfer? Er ist der amtierende Weltmeister im griechisch-römischen Ringkampf, Hans Schwarz jr. Aus dem Training entlassen und ohne sein Kraftfutter ist er zusammengefallen wie ein luftleerer Autoschlauch. An ihm können sie nun ihre »Stärke« demonstrieren.

Tatsächlich atmen wir auf, als wir, in neuen Uniformen, feldmarschmäßig vor dem Transportzug auf dem Verschiebebahnhof Spandau stehen. Allerdings: Von Opfersinn oder gar freiwilliger Emphase ist nichts zu spüren. Es gibt auch keine winkenden Mädchen auf dem Bahnhof, die den zukünftigen deutschen Helden zulächeln. Wo nur hat

»Die deutsche Wochenschau« ihre Berichte von den hoffnungsvollen Kriegern und dem fröhlichen Abschied immer gedreht? Auf dem Babelsberger Ufa-Freigelände, wo schon für »knallharte« Kriegsberichte mit künstlichem Pulverdampf und Schlamm, besonders ausgesuchten Landsern und schweigsamen Kameramännern frisch-fröhliches Heldentum gefilmt worden ist?

Der Krieg leidet kein Probestück

Zehn lange Tage und Nächte sind wir unterwegs an die Front. Der Zug hält oft auf freier Strecke. Nicht zum Blumenpflücken. Alle Züge fahren »Ohne Signal auf Sicht«, weil das Gleis in den Osten verstopft ist. Dann springen die Männer aus den Viehwaggons und düngen auf manche Art die Felder. Rechtzeitig zieht der Lokomotivführer die Dampfpfeife, auf daß keines der grauen Schäfchen verlorengehe. Und damit die Zeit unkritisch vergeht, gibt es als Pflichtübung jeden Tag pro Nase einen Viertelliter Rum in den Kochgeschirrdeckel. Befehl: »Austrinken!«

Auf diese Weise seelisch aufgerüstet, werden wir im russischen Schepetowka beim zuständigen Feldersatztruppenteil ausgeladen. Die Einschläge, die wir hören, unterscheiden sich merklich von denen auf dem heimatlichen Truppenübungsplatz, doch die Feindlage läßt es zu, daß die Ausbildung – wir sollen ja echte Sturmpioniere werden – unter diesen verschärften Bedingungen weitergeht.

Die Verpflegungslage ist so berühmt nicht: Sechs Mann ein Brot, pro Kopf ein Viertelpfund Gummiwurst, zwei Ecken Streichkäse, mittags Suppe, drei Zigaretten, fünf Vitaminbonbons. Die Zigaretten der beiden Marken Attika und R 6 sind betrügerisch dünn gestopft; schon beim ersten Zug geraten sie außer Form und sind platt wie ein Briefumschlag.

Die Firma hat von Hermann Göring das Exklusivrecht zur Qualm-Versorgung der Wehrmacht »erhalten«. Hermann soll sich immobilienmäßig erkenntlich gezeigt haben, sagt man.

Und die Vitaminbonbons? Zehn Stück pro Mann sind laut Verpflegungsplan vorgesehen, doch sie gehen leider durch zu viele Hände, bis sie schließlich den Endverbraucher an der Front erreichen. Dann sind es nur noch drei. Und keiner der Versorgungsbullen schämt sich.

Von strategischen Maßnahmen selbstverständlich nicht unterrichtet, wird mein Pionierzug zum Minenräumen eingesetzt, Tellerminen, die kurz zuvor verlegt worden sind. Ein Himmelfahrtskommando, das Fingerspitzengefühl voraussetzt. Mein Nebenmann, mit beiden Händen in der Erde wühlend, muß den Zünder übersehen haben. Es gibt einen gewaltigen Rums, und was von dem Kameraden übrigbleibt, fliegt mir zusammen mit Eisensplittern um die Ohren. Ein paar Blechfetzen bleiben in mir stecken, einer in meiner linken Augenbraue. Die Wunde ist nicht groß, aber sie heilt nicht.

Der Erfolg heiligt die Notlüge

Ich erhalte einen Feldpostbrief mit der alarmierenden Nachricht, daß es meiner Mutter ganz schlecht geht. Nach vier Krebsoperationen wird ihr Zustand als hoffnungslos bezeichnet. Ich muß zu ihr! Aber wie? Durch das vage Versprechen, die mageren Bestände der Marketenderei für das bevorstehende Weihnachtsfest erheblich aufbessern zu können, ermogele ich mir einen kurzen Heimaturlaub.

Erstaunlich, wie bürokratisch penibel die Abwicklung funktioniert. Waffe abgeben, Urlaubsschein empfangen mit der Erlaubnis, Zivilkleidung zu tragen, Reise-Lebensmittelmarken abholen, Transport zum nächsten Feldbahnhof. Der Zug ist überfüllt mit Soldaten, bei denen es ebenso fix gegangen ist. Am Morgen noch im Schützengraben und mittags schon vom Kompaniefeldwebel genau nach Liste in den Urlaub geschickt.

Meine Mutter liegt im Berliner St.-Hedwigs-Krankenhaus. Sie ist nur noch ein Schatten. Doch sie glaubt offenbar meiner frommen Lüge, daß ich bald zu einem richtigen langen Urlaub kommen werde.

Die Freunde Waldow, Giese und Tasche sind zwar guter Dinge, mein an der Front leichtsinnig gegebenes Versprechen zu erfüllen, die Bataillons-Marketenderei mit raren Genußmitteln zu versorgen, zaubern können sie indessen nicht. Ich habe mir ihre Möglichkeiten und Verbindungen in meinem jugendlichen Übermut allzu großartig vorgestellt. Quintessenz nach der Rückkehr an die Front: Ein mageres Ergebnis und ein schlechtes Gewissen. Aber ich habe meine Mutter noch einmal gesehen...

*

Diese verdammte Splitterverletzung über dem linken Auge heilt nicht. Der Verband um die Stirn wird langsam lästig. Beim nächsten Einsatz fange ich mir auch noch einen Kopfstreifschuß ein. Mit den beiden Verwundungen bin ich prädestiniert zu weiterer Ausbildung, und man erwartet von mir, daß ich mich freue, zu einem Sturmpionierlehrgang auf die Krim abkommandiert zu werden. Na schön, ich freue mich ja.

Wider Erwarten bringt der Kursus einen Hauch von Dienstfreiheit, denn die einzelnen Lehrgänge werden so lax durchgeführt, daß wir nach einigen Tagen überlegen, wie die Zeit nutzbringender anzulegen sei. Das Stichwort »Soldatensender« fällt, und schon sind wir mit einigen Musikern unheimlich aktiv. Nachdem ich Erkennungsmelodie und Pausenzeichen komponiert habe, die Frequenz genehmigt ist und die Technik steht, kriselt es am

Kuban-Brückenkopf. Alle Lehrgangsteilnehmer werden zum Blitzeinsatz abkommandiert. Der Traum vom Soldatensender ist ausgeträumt.

Am Kuban kommt es ganz dick. Die Heeresgruppe A hat sich aus dem Kaukasus auf den Brükkenkopf zurückgezogen. Aufreibender Grabenkrieg mit einem Gegner, der sich nur wenige hundert Meter entfernt verschanzt hat und während der Feuerpausen über Lautsprecher deutsche Schlager abspielt und zum Überlaufen auffordert. Absender: »Nationalkomitee Freies Deutschland«.

Eines Abends, ich bin mittlerweile Fahnenjunker und Reserveoffiziersbewerber, werde ich zum Bataillonskommandeur gerufen. Er überreicht mir ein Telegramm, dessen Text mich schockiert. Meine Mutter ist, so heißt es im abgehackten Text, am 27. März 1943 Opfer eines britischen Terrorangriffs geworden.

Seltsam, es ist ihr 20. Hochzeitstag gewesen. Ich laufe benommen zu meinem Unterstand zurück, aus den Sowjet-Lautsprechern dröhnt Wilhelm Strienz mit seiner Schnulze »Heimat, deine Sterne«, und aus dem Gebiet hinter den russischen Linien donnert der Abschuß einer Feldhaubitze, die Granate orgelt heran, und eine gewaltige Detonation reißt direkt neben mir den ganzen Grabenabschnitt ein. Acht Leute werden verschüttet. Wir schaufeln uns zu ihnen vor, kommen jedoch zu spät. Keiner hat überlebt.

*

Eine Woche später. Ich liege mit meiner Gruppe in Ruhestellung hinter der Front. Waffen reinigen, ausschlafen, Briefe schreiben, kochen. Dicht vor uns, zum Greifen nahe, liegt ein Feld voller Wassermelonen. Klar, daß wir ein paar essen wollen. Während ich Kartoffeln schäle, robben die Jungs los, um da drüben zu ernten. Das muß ein vorgeschobener Beobachter der Russen durch sein Scherenfernrohr gesehen haben. Eine Artilleriesalve pfeift heran – und die Männer und die Melonen gibt es nicht mehr...

Tote Winkel sind nicht überall

Während des Lehrganges auf der Krim haben wir eine Menge Tricks gelernt, um als Einzelkämpfer gegnerische Panzer mit Hafthohlladungen oder mit der Panzerfaust außer Gefecht zu setzen. Mit Beutefahrzeugen ist das geübt worden: Herausspringen aus dem Deckungsloch, den toten Sichtwinkel der Besatzung nutzen und unbemerkt die Ladung ansetzen. Besonders ungefährlich wirkt die Geschichte in Unterrichtsfilmen, in denen ein Oberfeldwebel, den linken Uniformärmel mit Panzernahkampfspangen bepflastert, den Einsatz am Objekt so vorführt, als sei die Angelegenheit für jedermann ein Kinderspiel – allerdings mit einem Hauch von Heldentum.

Zwischen Melitopol und Saporoschje am Asowschen Meer werden wir plötzlich eingekesselt. Nichts geht mehr. Die Einschnürung wird immer enger. Mit schleifendem Singsang der Ketten mahlen sich die Sowjetpanzer heran. Aber was kann schon passieren, wir haben ja Hafthohlladungen – ein Kinderspiel.

Raus aus dem Deckungsloch, toten Winkel ausnutzen, ein scharfer Knall, ein schneidender, eigentlich erträglicher Schmerz im linken Oberschenkel wie von einem Peitschenhieb, und jemand schreit. Ich bin das, der da schreit, und es ist mein Bein, das getroffen worden ist. Ich liege stöhnend im Dreck, und die Panzer fahren langsam vorbei.

Sanitäter »räumen auf« und bringen uns – wir sind vier Verwundete – in den Vorraum eines Befehlsbunkers. Im Kartenzimmer residiert der Major vom Sande, den eine Pokerpartie mehr zu interessieren scheint als die Kesselschlacht – was in gewisser Weise für ihn spricht.

Allerdings nicht aus unserer Sicht, denn wir fiebern schon, weil unsere Schußverletzungen nicht versorgt werden.

Da springt die Tür auf, ein lustiger Rotschopf in grauem Overall stürmt herein und stellt sich vor: »Major von Jaza.«

Der Mann hatte einen Ruf weit über den Frontabschnitt hinaus, denn seine Sturmgeschütze galten als Feuerwehr in allen ausweglos erscheinenden Situationen. Sein Ritterkreuz mit allen Zutaten flößt dem Bunkerkommandanten zumindest so viel

Respekt ein, daß ihm die Pokerkarten wie vom Winde verweht aus der Hand fallen.

Jaza verfrachtet zwei Männer mit Bauchschüssen in eines seiner Fahrzeuge, ich muß mich draußen auf der Panzerung des Sturmgeschützes festhalten, und dann geht die wilde Nachtfahrt los über zehn Kilometer zum nächsten Hauptverbandsplatz. Meine Blessur? Oberschenkelschußbruch.

*

Bis zur Hüfte eingegipst, liege ich wenige Stunden später in einem provisorischen Lazarettzug auf dem Transport in Richtung Heimat. Der Reise steht nichts im Weg, der Kessel ist nach Westen hin offen.

Zwischen Odessa und Cherson beginnt es unter meinem Gips gewaltig zu rumoren. Ein geradezu gemeiner Juckreiz steigert sich quälend von Minute zu Minute. Schließlich halte ich das nicht mehr aus. Ich kann den Sani im Waggon dazu bringen, die Notbremse zu ziehen. Der Zug hält, der begleitende Arzt läuft über den Bahndamm zu uns und schneidet meinen Gips auf.

Tausende von Läusen quellen ihm entgegen!

Nachdem das unheimliche Nest vernichtet, die Wunde versorgt und das Bein neu gegipst ist, rollt der Transport weiter. Aber zwei Tage später, mitten im Partisanengebiet vor Winnica, hält der Zug abermals, und der Gips wird wiederum aufgeschnitten. Nicht nur meiner, sondern alle Arm- und Beingipse und alle anderen Wundverbände.

Das macht der Arzt nun nicht etwa aus Jux und Tollerei, sondern auf Befehl des Generalobersten Ferdinand Schörner, der den Zug hat stoppen lassen, um nach Simulanten zu fahnden. Nicht umsonst trägt er den Namen »Heldenklau«.

Der stehende, unverteidigte Transport bietet sich selbstverständlich nach ganz kurzer Zeit als lohnendes Ziel für die Partisanen an. Unter dem Dauerfeuer ihrer leichten Waffen ziehen sich Schörner und seine Begleiter eilig in ihr Panzerfahrzeug zurück und bringen sich außerhalb der Gefahrenzone in Sicherheit.

Bilanz im Lazarettzug: Keine Simulanten – aber dreißig Tote. Die Männer sind gestorben, weil ein General seine Befehlsgewalt demonstriert hat. Im Wehrmachtsbericht werden die armen Kerle, die Schörner auf dem Gewissen hat, nicht erwähnt. Aber die Angehörigen bekommen einen Feldpostbrief: »Gefallen für Führer und Vaterland.«

So einfach ist das.

Bein oder Blinddarm, das ist hier die Frage

In Bayreuth werde ich ausgeladen und ins Luftwaffenlazarett gebracht. Eine schöne Stadt, ein weiches Bett, eine schöne Krankenschwester, Annelie Haferkorn, und ein jovialer österreichischer Chefarzt, Professor Felsenreich.

Mit der Post kommen ein paar Auszeichnungen und die Ernennung zum Fahnenjunker-Feldwebel. Das erscheint mir, auch im Hinblick auf meine Verwundung, durchaus Krönung und Abschluß meines Kriegerdaseins. Ich will endlich wieder Theater spielen, Mensch und Zivilist sein.

Am nächsten Morgen stinkt mein Bein – im Gips sind kleine Fenster zur Beobachtung von Ein- und Ausschuß. Felsenreich kommt und diagnostiziert Wundbrand. Er zieht einen Hocker an mein Bett und beginnt seine kleine Ansprache mit den Worten: »Nun mal ganz tapfer sein, mein Junge.« Dazwischen spricht er eine Menge Sätze, die seelische Betreuung und Stütze sein sollen, und er beendet seine halblaute Rede so: »Wir werden das linke Bein abnehmen müssen.«

Offenbar muß das sehr schnell geschehen, denn ich werde sofort in einen Raum mit bereits Amputierten verlegt, und Vorbereitungen für die Operation sind ganz offensichtlich im Gange.

In panischer Angst rufe ich Schwester Annelie und bitte sie, sofort ein Blitztelegramm an Albert Florath zu schicken, der in Gaildorf bei Schwäbisch-Gmünd in seinem Sommerhaus ein paar Tage Urlaub macht.

Stark echauffiert steht er am späten Abend vor mir, mustert mich lange und grummelt: »Scheiße.«

Von dem Augenblick an muß es zwischen ihm und Felsenreich bacchantisch hergegangen sein. Felsenreich hat gar nicht mehr operieren können, denn Abi hat ihn unter den Tisch gesoffen und ihm das Versprechen abgenommen, es mit mir ohne Benutzung der Knochensäge zu versuchen.

Am nächsten Morgen werden Wucherungen im Wundbereich entfernt, eine neue Drainage gelegt. Als Abi seinen Urlaub beendet, wissen wir, daß mein Bein dranbleibt.

Aber wie das liebe Schicksal im Lazarett spielt: Plötzlich habe ich starke Leibschmerzen, kundige Hände tasten und drücken auf meinem Bauch herum, finden Punkte, die darauf hindeuten, daß nur mit einem kühnen Schnitt die Sache auszuräumen und aus der Welt zu schaffen sei. »Appendizitis«, sagen sie, und sie meinen den Wurmfortsatz des Blinddarms. Hinein in den Operationssaal, hinauf auf den Tisch, Licht an und los.

»Moment«, sage ich, weil ich in den Spiegeln der riesigen Operationslampe über mir alles überblicken kann, »ich möchte keine Vollnarkose, sondern nur eine Lokalanästhesie. Ich will zusehen.«

Felsenreich, der mich sowieso für einen Egozentriker hält, ist einverstanden. Nachdem die Anästhesistin einige Injektionen um das Operationsgebiet herum gesetzt hat, kann ich alsbald einen neugierigen Blick auf mein Innenleben werfen. So weit, so gut. Nur: Jenes unter meinen Augen herausgeschnittene Stückchen Blinddarmende ist nicht vereitert und nicht entzündet. Es ist – wie die versammelte Ärzteschaft unter der professoralen Leitung verwundert feststellt – ohne Befund. Eine unnötige, eine sinnlose Operation.

Professor Felsenreichs Sachverstand bleibt

ungetrübt. »Dann«, stellt er fest, »können die Schmerzen in diesem Bereich nur von den Nieren herüberstrahlen.«

Die ganze Welt ein Lazarett

Für Nieren sind Professor Felsenreich und das Bayreuther Luftwaffenlazarett nicht zuständig. Deshalb werde ich zur Spezialbehandlung nach Bad Wildungen verlegt. Höllische Wochen brechen an. Über zwanzigmal werde ich von den Militärärzten zystoskopiert, weil sie sich einbilden, mit der Spiegelung des Blaseninnenraums der Sache auf den Grund zu kommen.

Als Soldat habe ich nicht die freie Verfügung über meinen Körper und das, was mit ihm geschieht. Wenn ein Militärarzt befindet, daß durch eine Operation die Fronttauglichkeit des Patienten wiederhergestellt werden kann, wird dieser Eingriff durchgeführt. Man beschließt also, dem Fahnenjunker-Feldwebel Kieling eine Niere zu entfernen. Das Gesamtbild des Patienten allerdings läßt den Schluß zu, daß die dann fehlende Niere der Tauglichkeit zu neuem Fronteinsatz nicht wesentlich förderlich sein kann. Da ist nämlich – sie studieren Professor Felsenreichs Gutachten – der noch nicht ausgeheilte Oberschenkelschußbruch. Der Fahnenjunker hinkt. Also bleibt die Niere drin. Ist doch logisch, oder?

Unversehens werde ich zur Kriegsschule 4 in Posen abkommandiert. Die Lehrer sind vom Feinsten. Hauptmann von Samson-Himmelstjerna, dessen Name bis in den 30jährigen Krieg zurückverfolgt werden kann, oder Ritterkreuzträger Erich Mende, der es uns bei seinen Vorträgen immer leicht macht. So tief man auch schläft, er schließt immer mit dem Satz: »Meine Herren, es ist schwer, aber es geht.«

Mit dem Tag der Beförderung zum Oberfähnrich werde ich zu einem Ersatztruppenteil nach Brandenburg an der Havel in Marsch gesetzt, um eine Kompanie zu übernehmen. Jemand von der Tobis-Film unternimmt den Versuch, mich dem winzigen Kader zuzuordnen, der noch für anfallende Filmverpflichtungen freigestellt ist. Aber bei einem jungen Offizier, auch wenn er schwer verwundet ist, muß das hoffnungslos bleiben. Der von Goebbels propagierte »totale Krieg« ist ausgebrochen, und damit sind auch alle Tauglichkeitsgrade aufgehoben. Ich bin zwar nicht »kv«, also kriegsverwendungsfähig, sondern »av«, arbeitsverwendungsfähig, eine Einstufung, die vorher noch jeden Fronteinsatz verhindert hat. Nicht aber im Jahr 1944.

Dann werde ich Leutnant, hinke immer noch am Stock, und zwei Drittel der Männer meiner Kompanie sind so alt wie mein Vater. Hundertdreißig müde, desinteressierte Gestalten in schlotternden Uniformen. Mir kommen Zweifel, was wohl daraus werden soll. Ich bin ratlos, weil ich immer weniger den Sinn der ganzen Sache begreife.

In meiner Stube reiße ich die Uniform herunter, stürze mich in meine Zivilklamotten und will ins Kino gehen, werde jedoch an der Kasse festgehalten, weil ich so aussehe, als sei ich noch nicht achtzehn. Die alten Herren meiner Kompanie müssen für mich bürgen: »Ja, er ist schon zwanzig!«

Abermals steht ein Lehrgang an. Diesmal in Döberitz im ehemaligen Olympischen Dorf. Kleine, schmucke Häuser, verteilt über ein riesiges Areal und jeweils mit zwei Offizieren belegt. Ein Bataillon ist aufgeboten, Geländeübungen vorzuführen, die wir Lehrgangsteilnehmer vom Bus aus beäugen. Major Tröbs, der Lehrstabskommodore, hat einen Narren an mir gefressen und versucht, mich für Veranstaltungen und Feiern freizustellen. Neben Balladen und Gedichten muß ich sein Lieblingswerk vortragen: »Der Cornett« von Rilke, die Weise von Liebe und Tod.

Immerhin, es ist ein Hauch von Kultur, ein bißchen von dem, was ich damals so schnell aufgeben mußte, als ich zum Arbeitsdienst einrückte. Und was dann, wenn ich nach Brandenburg zurückgehe und mit dieser Kompanie Fußkranker womöglich zum Einsatz muß? Ich weiß ja, was uns da draußen an der Front erwartet…

Eines Abends, der Zapfenstreich ist längst vorbei, bin ich Hals über Kopf nach Berlin gefahren und habe Ernst Waldow und seinen Freunden meine Bedenken vorgetragen, sie um Rat gefragt, sie gebeten, bleiben zu können. »Ich will nicht mehr zurück, und ich weiß, daß dieser Schritt der richtige ist!«

Mit meinem Plan bringe ich die mir sonst wohlgesonnenen Menschen in tödliche Verlegenheit. Zuerst schweigen sie, dann suchen sie Ausflüchte, sprechen von Entschlüssen, die man in Ruhe fassen müsse, und von einer Denkpause, die unbedingt nötig sei.

Ich willige sofort ein, verabschiede mich und suche das mir angewiesene Zimmer auf. Da ich mich in Waldows Haus gut auskenne, habe ich schnell die nötige Menge verschiedener Tabletten beisammen und schlucke sie. Zum ersten und einzigen Mal in meinem Leben will ich Schluß machen...

Wenige Stunden später erscheint die Schauspielerin Hilde Körber und erbittet ebenfalls Rat. Ihr 16jähriger Sohn Thomas, zum Panzergrabenbau nach Pommern abkommandiert, hat seine Truppe unerlaubt verlassen. Man erzählt ihr von mir, und Frau Körber besteht darauf, mich zu sehen.

Sie finden mich in unnatürlichem Tiefschlaf, begreifen, was ich vorhabe, und retten mich. Alle Beteiligten drängen darauf, daß ich am nächsten Morgen nach Döberitz zurückkehren soll, obwohl auf die unerlaubte Entfernung von der Truppe, besonders die von Offizieren, die Todesstrafe steht.

Not macht listig

Bei der Rückfahrt nach Döberitz fühle ich mich weder seelisch gestärkt noch moralisch aufgerüstet. Trotzdem kommt es mit Major Tröbs sofort zu einer Verständigung. Diskret entzieht er mich dem Zugriff des Standortkommandanten und bringt mich zu Professor Neumann-Neurode, Chef des Döberitzer Lazaretts, ehemals prominenter medizinischer Kommentator des Reichssenders Berlin und Verfasser eines sehr verbreiteten Buches für Baby-Gymnastik.

Es ist wie eine Fügung: Er kennt mich noch vom Funk her als »Kinderstar«, macht gar nicht erst viele Worte, sondern fragt lediglich: »Wo ist das Problem?«

Innerhalb kürzester Zeit modifiziert er meinen harmlosen Kopfstreifschuß. Durch eine schwierige medizinische Darstellung treten auf dem Papier plötzlich klinische Symptome zutage, die Hirndruckerscheinungen heißen. Die Beschwerden sind lebensbedrohlich, wie jedermann weiß, und deshalb bin ich plötzlich nicht mehr »zurechnungsfähig«.

Major Tröbs muß keinen Bericht schreiben, ich werde weder an die Wand gestellt, noch hackt man mir die Rübe vom Hals. Die unerlaubte Entfernung von der Truppe wird eine einfache Überschreitung des Zapfenstreichs, geahndet mit fünf Tagen Stubenarrest, und das findet eigentlich niemand besonders ehrenrührig.

*

Ich erhalte – wieder mal – einen Marschbefehl. Ziel: Festung Lötsen in Ostpreußen, wo Teile des Potsdamer Feudalregiments 9 liegen. Dort friste ich eine Art Frührentnerdasein, muß dem ständig betrunkenen Kommandeur zuliebe Doppelkopf lernen, ein Kartenspiel so blöde wie der Krieg. Fast jeden Abend meldet der Regimentsadjutant Richard von Weizsäcker sich am Feldtelefon und spricht mit angenehmer Stimme einen stereotypen Satz: »Kieling, es staubt!«

Als es dann ganz stark staubt, verlassen wir Lötsen in Richtung Heiligenbeil, wo ein Schiff für unseren Abtransport bereitstehen soll. Aber zwischen diesem Hafen und uns liegen zwei Drittel von Ostpreußen. Und natürlich jede Menge Russen. Die ersten Flüchtlingstrecks kommen uns entgegen, andere überholen uns. Niemand weiß so recht, wohin zu fliehen am vernünftigsten ist. In einer Nacht werden wir eingekesselt, brechen unter hohen Verlusten aus und befinden uns automatisch in der nächstgrößeren Umklammerung.

Ein sinnloses Katz-und-Maus-Spiel beginnt. Schwere Waffen gibt es längst nicht mehr, Unterstützung aus der Luft auch nicht. Verpflegung ist knapp, nur die Rum-Rationen werden größer. Verbindungen zu übergeordneten Befehlsstellen sind unterbrochen. Die Russen ziehen den Ring immer enger zusammen. Im Raum Wormdit geraten wir in schweres Maschinengewehrfeuer. Mich erwischt es zum vierten Mal. Fersendurchschuß.

Auf den Munitionsschlitten, die wir mit uns führen, haben acht Schwerverwundete Platz. Ich lasse sie festbinden, damit sie beim Transport nicht herunterfallen, und schicke sie bei beginnender Dämmerung mit dem Kompanieführer und den drei letzten noch einsatzfähigen Soldaten in die Richtung, von der wir glauben, daß sie noch ein Entrinnen ermöglicht. Ich verteile die letzte Schokolade, humple hinterher, vergegenwärtige mir, daß ich mit rund sechzig Mann die Festung Lötsen verlassen habe, frage mich nach Sinn und Zweck des Lebens und kann mir keine vernünftige Antwort geben.

Nach wenigen Minuten bin ich nicht mehr allein. Die Männer, die neben mir von ihrem Panzer springen, sind allerdings nicht von unserer Feldpostnummer. Einer legt seine Kalaschnikow auf mich an und brüllt: »Rukki werch!«, und er meint damit, daß ich, bitte schön, die Hände hochnehmen soll, ein anderer probiert seine deutschen Sprachkenntnisse: »Gitler kaputt, Stalin gutt!«

Ich befinde mich in russischer Gefangenschaft.

Wie einer, der sich auf den Tod geübt

Durch meine Verwundung stark behindert, tapse ich im Machtbereich dieser besonders »temperamentvollen« Panzerfahrer herum, zu deren Einheit eine Menge Mädchen gehören. Meine Offiziersstiefel, obwohl der eine durch den Einschuß lädiert ist, haben sie mir ausgezogen. Sie tun jetzt Dienst an russischen Füßen. Mein Fersendurchschuß eitert nun in hohen russischen Filzschuhen, die mit Stroh gefüttert sind. Manchmal lausche ich, weil ich glaube, es suppt hörbar beim Laufen.

Mein Brillenrahmen ist zerbrochen, unbrauchbar, ich trage meine Gasmaskenbrille. Beim Troß muß ich Vieh füttern und beim Schlachten helfen. Jeden Tag wird meine Trinkfestigkeit geprüft. Mit Wodka. Jeweils hundert Gramm auf einen Zug sind der übliche Standard. Nicht nur für mich. Die saufen alle mit.

Mehrmals täglich demonstrieren sie an mir und auf meine Kosten ihren wahrhaft überschäumenden russischen Humor. »Du an Wand! Du erschossen!« Sie verbinden meine Augen, zwingen mich in die Knie. »Du beten!« Ich knie an der Wand, falte die Hände und bete halblaut. Sie entsichern ihre großkalibrigen Pistolen, die Nagans. Sie geben Kommandos, schießen in die Luft und brechen in höllisches Gelächter aus, wie ich bei den Schüssen in Todesangst zittere.

Aber wird es immer »Spaß« bleiben? Werden sie irgendwann einmal nicht mehr in die Luft schießen, sondern aus reiner »Spielerei« auf mich? Und dann noch wilder lachen, wenn meine Uniform und meine Haut zerfetzen? Wenn ich auf dem Boden zum letzten Mal zucke?

Eines Nachts kann ich kaum noch laufen. Durch Wodka und Hunger befinde ich mich in katastrophalem, ohnmachtsähnlichem Zustand. Wankend versuche ich mich auf den Beinen zu halten. Da schreit einer provozierend und läßt die Kameraden schier aus dem Häuschen geraten: »Wie tanzen deitsche Soldatt?«

Die nächtliche Veranstaltung bereitet den Russen großes Vergnügen. Lachend, schwatzend, essend, trinkend, ziehen sie ihre Pistolen, schießen genußvoll um meine Füße herum in den Boden. Ich hopse, schlingere, tanze taumelnd um mein Leben. Urplötzlich verlieren sie den Spaß an der Sache. Ich falle um...

Der allzu schöne Redeschwall

Am nächsten Morgen wird die Einheit verlegt. Ich bin lästig. Sie zeigen in nordöstliche Richtung und setzen mich mit einem Fußtritt in Marsch. Ich hinke davon. Meine Fersenwunde suppt schrecklich. Der Filzschuh ist vom Eiter durchnäßt. In immer kürzeren Abständen stoße ich auf Gruppen deutscher Kriegsgefangener. Es werden mehr und mehr, bis schließlich ein gewaltiger Pulk frierender Männer beisammen ist, der am Fuß einer riesigen Ruine zusammengetrieben wird. Es ist das in die Luft gesprengte Tannenberg-Ehrenmal.

Bevor unsere Pioniere ihre Dynamitladungen zündeten, hat ein Spezialkommando die Sarkophage mit den Mumien von Generalfeldmarschall Paul von Hindenburg und seiner Frau heim ins Reich befördert. In irgendeiner dunklen Gruft liegen sie. Freiburg? Kann sein.

Es schneit. Eisiger Wind pfeift. Wir stehen Stunden um Stunden. Viele kippen um, geben auf. Wie Gestalten aus einer anderen, schönen Welt erscheinen einige Männer in deutschen Offiziersuniformen, warm umhüllt von Pelzmänteln, Abstand zu uns haltend, unglaublich dumme Phrasen dreschend, die Ruchlosigkeit des Krieges anprangernd, den Frieden beschwörend, das Heil unter sowjetischer Gnade herunterleiernd. »Die Hitler kommen und gehen, hat der große Stalin gesagt, aber das deutsche Volk bleibt bestehen.«

Einer heißt Johannes R. Becher, und er sagt, er sei ein deutscher Dichter, und meint, jeder müsse ihn kennen, ihn und seine einfältige Partei-Lyrik. Der andere, Graf von Einsiedel, trägt ganz offenbar schwer an seiner eigenen Merkwürdigkeit. Ein Mensch, der offenbar nichts anderes kann, als mit schlechtem Gewissen störend in der Gegend herumzustehen. Beide und ihre schattenhafte Begleitung kommen vom russischen Propaganda-Instrument »Nationalkomitee Freies Deutschland«. Was wollen sie denn von uns? Der Krieg ist für uns ohnehin vorbei. Sie schwatzen aus sowjetischem Partei-Chinesisch übersetzte Vokabeln, um sich selbst zu bestätigen, denn ihre Haut ist ihnen doch sehr viel näher als unser Hemd. Als sie sich verabschieden, werden sie von der Lücke, die sie hinterlassen, voll ersetzt.

In einem Auffanglager bringt jemand einen ordentlich sitzenden Verband an meinem Fuß zustande, ehe die rund 500 Gefangenen sich weiterschleppen müssen. Die Nervosität der Wachmannschaft deutet auf ein langes Unternehmen hin. Das Tempo ist mörderisch, wer hinter der Kolonne zurückbleibt, wird erschossen. Umdrehen ist verboten.

Neben mir ein alter Hauptmann, unbegreiflich, warum er noch zwischen die Fronten geraten ist. Zunächst nehme ich den Rucksack des alten Herrn, dann den Mann selbst. Ein Arm von ihm über meiner Schulter, mein Arm um seine Taille. Dann macht wieder einer schlapp. Dessen Bündel hänge ich auch um. Er legt seinen Arm – von der anderen Seite – um meine Schultern, ich packe ihn mit meinem linken Arm um seine Hüfte. Ein grauenhaftes Ballett, das in der Nacht vor dem Lagertor zusammenbricht. Woher ich die Energie genommen habe, die Kraft, die beiden Männer zu schleppen? Ich weiß es wirklich nicht.

Tote werden nicht gezählt

Es dauert bis in die frühen Morgenstunden, ehe die kraftlosen, maroden Wehrmachtsreste in leeren Baracken untergebracht sind. Ein Leutnant der Roten Armee klopft mir auf die Schulter, ernennt mich kurzerhand zum Lagerkommandanten, nimmt mich mit in seine überheizte Unterkunft, spendiert Essen und Trinken, redet.

»Sie sprechen gut deutsch«, sage ich. »Wo haben Sie das gelernt?«

Er sieht mich lange an. »Gut deitsch? Se wollen mer berühmen? Ich bin gewesen a Fahrradhändler in der Wiener Neustadt. Als se 1934 ham erschossen dem Dollfuß, wir ham gepackt de Koffer. Als sich hat verabschieden missen der Schuschnigg 1938, und se ham gerufen ›Heim ins Reich‹, wir sin gegangen zum Zug, eingestiegen und nach Moskau gedampft. Und nu bin hier.« Er lächelt schmerzlich. »A scheene Karriere? Und nu gehnse und zählnse de Leit!«

Ich unternehme einen Versuch, die Leute zu zählen. Doch immer, wenn ich glaube, einem Ergebnis nahe zu sein, muß ich die mühsame Addition abbrechen und von neuem beginnen. Rund um die Uhr werden Tote aus dem Lager getragen, meine Endzahl stimmt nie. Ich melde dem gewesenen Fahrradhändler, daß ich außerstande bin, die buchhalterische Aufgabe zu erfüllen.

Er hat das erwartet, wundert sich nicht, hat seinen Befehl offenbar eher als Beschäftigungstherapie für mich verstanden. Als wir nach einigen Tagen abrücken, gibt er mir die Hand und sagt: »Viel Glick!«

Kunst gibt Gunst

Nächste Position: 100 skelettschlanke Männer und nur ein Klo in einem Viehwaggon. Der schier endlose Zug dampft wochenlang ins Innere Rußlands. Endstation: Witebsk in Weißruthenien. Oft halten wir unterwegs. Tote und Schwerkranke werden ausgeladen. In den Waggons ist es dann nicht mehr so eng.

Als wir im Offizierslager eintreffen, wird Quarantäne über uns verhängt. Wochenlang keine Arbeit, nur hinvegetieren. An die Stirnseite einer Baracke zeichnen wir eine primitive Landkarte mit dem Frontverlauf Ende April 1945. Die Isolierhaft macht uns mürbe. Einer beherrscht Text und Melodie des russischen Liedes »Herrlicher Baikal«. Wir gründen einen Chor und üben fleißig »Kultura«.

Das lenkt ab. Einer formt aus Brot Schachfiguren und tauscht sie bei einem russischen Offizier gegen Tabak ein. Sogleich schießt eine ganze Industrie aus dem Boden.

Nach dem 8. Mai, dem Tag der Kapitulation, kommen neue Gefangene. Schicke Uniformen mit allem Lametta, frisch und unverbraucht. Sie schauen arrogant und etwas mitleidig auf uns herab. Wir halben Kinder befinden uns in desolatem Zustand, rauchen den ganzen Tag, bekommen kaum Schlaf, haben ungenügend zu essen und können Umgebung und Krankheiten seelisch nicht verarbeiten. Zugige, ungeschützte Baracken mit Drei-Etagen-Betten. In der Mitte der Bretterbuden die Latrine, über einen vierzig Meter langen Holzsteg zu erreichen. Auf der Flucht erschossene Gefangene werden neben diesen Steg gelegt und mit starken Lampen angestrahlt. Wir müssen immer an ihnen vorbei.

Nacheinander arbeite ich als Bauhelfer, Elektroschweißer, Dachdecker und Flößer. Viele kapitulieren, haben keine Energie, sich und ihre Wäsche zu reinigen, heulen vor Kälte, vor Hunger, vor Heimweh, verkommen, hoffen auf einen Abtransport für Schwerkranke. Sie schlucken Kopierstiftminen, essen soviel Salz, bis sie Wasser in den Beinen haben. Ihre Rechnung geht nicht auf. Sie landen nicht daheim, sondern unter der Erde.

*

Nach einer der täglichen Zählungen läßt die Lagerleitung über den Dolmetscher erklären, es mögen alle vortreten, die im weitesten Sinn etwas mit Kultur zu tun haben. Es treten auch Kameraden heraus, die ein Buch zu Hause haben. Doch im Laufe der Tage sondert sich die Spreu vom Weizen. Allerdings wird schnell klar, daß ich der einzige Profi bin. Um relativ ungehindert die von den Russen angestrebte kulturelle Linie zu finden, bekomme ich einen Propusk, einen Passierschein mit Stempelchen, mit dem ich mich relativ frei bewegen kann. Das dafür dringend benötigte Paßbild muß ich mir allerdings selbst besorgen. Wo?

Sie wissen es nicht.

Die Nachrichtenverbindung der Gefangenenlager klappt ziemlich verläßlich. So erfahre ich, daß die Russen an der Düna mit Hilfe deutscher Kriegsgefangener ein riesiges Sperrholzwerk errichten. Und dort habe irgendwer irgendwann einen Menschen mit einem Fotoapparat herumturnen sehen. Da die verlangte Kulturarbeit von einem Paßfoto abhängig ist, mache ich mich auf den Weg, jenen Lichtbildner aufzustöbern.

Umweit der Baustelle steht ein armseliges Häuslein. In ihm wohnt der Fotograf, höre ich, der die einzelnen Bauabschnitte im Bild für die Nachwelt und das Politbüro festhalten muß. Er trägt gewissermaßen die Beweislast des unaufhaltsamen Fortschritts. Zu ihm gehe ich. Was stellt sich heraus? Er ist ein in der Sowjetunion berühmter Filmkameramann, der wegen unliebsamer politischer

Äußerungen hierher strafversetzt worden ist und mit einem wirklich simplen Fotoapparat den Aufbau des Kombinats knipst. Seine Frau, Jelena Petrowna, eine in Rußland bekannte Schauspielerin, ist ihm mit den beiden Kindern in die Verbannung gefolgt.

Er lichtet mich ab und macht sich mit seinem Knipskasten wieder auf den Weg zur Baustelle, um genau nach Plan die schwarzweiße Dokumentation fortzusetzen.

Und Jelena Petrowna? Nach artigen Kommunikationsversuchen in verschiedenen Sprachen bei einem Gläschen Tee, bemächtigt sie sich in der Dunkelkammer des Films, entwickelt und trocknet ihn, legt die Negative ein, belichtet Fotopapier. Ich darf ihr über die Schulter schauen und teilhaben an jenem Vorgang, wie im Entwicklerbad ganz langsam mein Konterfei entsteht. Als Jelena Petrowna meint, ich sei scharf genug, wirft sie mich ins Fixierbad.

Niemandem verrate ich etwas völlig Neues mit der Feststellung, daß Dunkelkammern mehr zu zwischenmenschlichen Beziehungen beigetragen haben als alle anderen Arbeitsplätze. Hier an der Düna hingegen machen sich ein diffuses rotes Lämpchen in der Finsternis und simple Paßfotos in geradezu völkerverbindender Weise um eine junge Schauspielerin und einen noch jüngeren Komödianten verdient.

Daß eine Sowjetbürgerin, ob nun vorübergehend diffamiert oder nicht, sich mit einem deutschen Kriegsgefangenen in dieser allzu menschlichen Form verbindet, ist doch wohl sicherlich absolut undenkbar. Oder etwa nicht?

Bin weder Fräulein, weder schön

In Witebsk nehme ich Kontakt auf mit den russischen Kollegen vom Stadttheater, bekomme Kulissen und Requisiten. Wir schreiben Texte und Noten, knüpfen Perücken aus heimlich abgeschnittenen Pferdeschwänzen, klauen Holz und Papier. Wir arbeiten wie besessen und verfügen nach gar nicht so langer Zeit über eine funktionierende Bühne, Werkstätten für Kostüme und Masken und zwei alte Lastwagen. Wir bespielen elf verschiedene Lager innerhalb eines Radius von 120 Kilometern. Bei jeder Aufführung sitzen in den ersten drei Reihen stets russische Offiziere mit weiblichem Anhang. Bewunderswert ist das Improvisationsvermögen der Kostümschneider. Die Frauen der Offiziere wollen die für ihre Verhältnisse erstklassige Bühnengarderobe partout kaufen, um sie zivil zu tragen.

Wir spielen alles. Von »Charleys Tante« bis zum »Faust«. Und wir spielen natürlich auch um unser Leben. Es darf nichts passieren, keiner darf versagen oder eine Textstelle falsch interpretieren. Jede Kleinigkeit kann den Herren in den ersten drei Reihen die Laune verderben.

Große Stücke und Operetten schreiben wir aus dem Gedächtnis nieder: »Maske in Blau«, »Marguerite durch drei«, »Im weißen Rößl« und »Egmont«. Beim Text der Schauspiele können wir auf die deutschsprachigen Werke in der Bibliothek der ehemaligen Universität von Witebsk zurückgreifen.

Alles durchzubringen bedeutet Kampf gegen drei Seiten: Den Russen muß alles übersetzt werden; Vertreter des »Nationalkomitees Freies Deutschland« melden ständig irgendwelche Bedenken an, ohne jemals einen produktiven Vorschlag zu machen; die Antifa-Gruppe des Lagers will überall die rote Fahne unterbringen.

Mit unserem Theater haben die Russen ein zusätzliches Machtmittel in der Hand: Aufführungen werden gestrichen, wenn das Arbeitssoll nicht erfüllt ist. Aber nach einem Jahr ist unser bescheidenes Kulturschaffen aus dem Leben der Lagerinsassen nicht mehr wegzudenken – auch nicht aus dem der russischen Mannschaft.

Neben den administrativen Theateraufgaben muß ich, als einziger Profi, in sämtlichen Stücken dic Weiberrollen spielen. Manchmal zwei in einer Aufführung. Alte, junge, verliebte und böse. Muß mich mehr oder weniger geziert über die Bühne bewegen, darf aber keine Klamotte aus der jeweiligen Rolle machen, keine Tunte. Die Jungs im Parkett hätten gekreischt, daß die Vorstellung geplatzt wäre. Die wissen ja, wer da oben mit falschem Busen und falschem Dutt herumspringt.

Mir wächst, ich bin unterernährt und dünn wie ein Handtuch, die Belastung über den Kopf. Ich suche eine »Kollegin«.

Per Zufall stoße ich auf den jungen Marine-Oberfähnrich Wolfgang Loos, der mir vom Typ her geeignet erscheint, Frauenrollen zu übernehmen. Ich mache ihn mit meinem Plan vertraut. »Weißt du, die wollen auch mal ein anderes Mädchen auf der Bühne sehen.«

Keine Antwort. Seine Augen flackern, seine Lippen kräuseln und schließen sich, er sucht nach Worten, bringt sie jedoch nicht heraus. Ein hochgradiger Stotterer. Aber der Gedanke, bei uns mitzumachen und auf der Bühne zu stehen, fasziniert ihn. Er lernt besessen seine Texte, probt seine Auftritte konzentriert – und das Wunder geschieht: Eingehüllt von der Illusion einer fremden Welt ist sein Sprachfehler verschwunden. Schwierigste Suaden entströmen mühelos seinem Mund. Doch wenn sein Part beendet ist, gewinnt das alte Ungemach wieder die Oberhand – er stammelt hilflos.

Bin mit dem Teufel auf du und du

Im Frühling 1947, ich bin gerade dreiundzwanzig Jahre alt geworden, tränen mir die Augen, ich niese zu häufig und habe Schnupfen. Auf den ersten Blick eine Erkältung. Dann muß ich nachts schrecklich husten, und dieser Husten wird immer schlimmer, trockener, keuchender. Schwere, schmerzhafte Atemnot kommt hinzu.

»Pertussis«, sagt der junge deutsche Lagerarzt, der sich in den meisten Fällen nur vergeblich um die »Gesundheit« seiner Patienten bemühen kann. »Keuchhusten. Haben eigentlich nur Kinder.«

Und da wir sowieso abgestumpft sind gegen Begriffe wie Sterben und Tod, setzt er hinzu: »Daran wirst du kaputtgehen, schätze ich. Wir haben alle keine Widerstandskraft gegen Krankheiten. Und Keuchhusten bei Erwachsenen kann tödlich verlaufen. Ich geb' dir was gegen die Krämpfe in den Bronchien.«

Er geht an seinen Schrank, der gefüllt ist mit Medikamenten aus deutschen Wehrmachtsbeständen, greift nach einer Ampulle, zieht eine Spritze auf und injiziert mir das Zeug. Alsbald sind die verdammten Schmerzen in der Brust verschwunden. Das Husten macht richtig Spaß.

Ich fühle mich locker, wie neu, angeregt. »Da hast du einen guten Griff getan, Doktor. Was ist das für ein wundervoller Saft?«

»Dilaudid, ein Morphinderivat mit Atropinzusatz. Hast du noch Schmerzen?«

»Ich fühle mich prima! Ist davon genug vorhanden?«

»Reichlich!«

Jeden Tag hole ich mir meine Spritze gegen den Keuchhusten. Auf der Bühne fühle ich mich wie ein Weltmeister. Wenn ich das Gefühl habe, meine Leistung läßt nach, schiebe ich das auf die Krankheit und lasse mir eine weitere Dosis Dilaudid verpassen. Wenn ich nichts bekomme, vergesse ich oft meine Texte und muß eine Rolle abgeben, damit die Vorstellung nicht platzt.

Jetzt weiß ich, daß ich durch das Dilaudid morphinsüchtig geworden bin. Solange die Wirkung anhält, ist mein Zustand wunderbar. Die Pausen zwischen den Injektionen müssen immer kürzer werden – aber der Arzt will nicht mehr mitspielen. Er injiziert Pantopon, zwar auch ein schmerzstillendes Suchtgift, aber mit einer sehr lästigen Nebenwirkung. Ich muß mich danach ständig erbrechen. Das hat er einkalkuliert. Dadurch, denkt er, kann er mich der Sucht entziehen. Manchmal hält er sich für besonders clever, dann gibt er mir Scheinspritzen.

Nach einer Vorstellung – wir haben Operette auf dem Spielplan – muß ich die Julischka, für die ich extra Krakowiak gelernt habe, aufgeben. Ich kann nicht mehr tanzen, nicht mehr singen. Es kommt zum Eklat. Ich stürme ins Krankenrevier, packe den Arzt und fordere meine Ladung Dilaudid. Er weigert sich. Ich brülle fordernd. Er will mich beschwichtigen aus Angst vor den Russen. Ich bekomme ein Skalpell zu fassen, attackiere ihn so lange, bis er mir endlich eine Spritze gibt...

Über ein Jahr lang vegetiere ich dahin, krank, unfähig, etwas zu tun, angewiesen auf die Hilfe anderer. Mehrmals wird davon gesprochen, daß Transporte in die Heimat abgehen sollen. Es sind für mich immer Latrinenparolen, denn ich bin nie dabei. Ende Sommer 1949 wird ein Transport zusammengestellt, bei dem erstmals Offiziere in die Heimat entlassen werden.

Ich liege im Bett, wiege 43 Kilo und werde mit einer Metallsonde künstlich ernährt. Liegende dürfen nicht befördert werden. Freunde schleppen mich in senkrechtem Zustand zum Zug, setzen mich auf, wenn die Waggons kontrolliert werden. Eine Tortur über Tage, die nicht enden wollen. Endlich hält der Zug zum letztenmal. Entlassungslager Gronenfeld bei Frankfurt an der Oder. Wieder nehmen mich Freunde in die Mitte. Es sieht nur so aus, als ginge ich. Sie tragen mich jedoch unauffällig, ohne daß meine Füße den Boden berühren, in die endgültige Freiheit. Sieben Jahre und acht Monate hat das Warten darauf gedauert. Und ich bin todkrank...

Grausam ist's, den Fallenden zu drängen

Um mich herum stehen Schneidermeister Otto Kieling und eine Menge Unbekannte, die offenbar zu ihm gehören. Ich liege vor dem Schlesischen Bahnhof in Berlin auf einer Trage und werde irritiert betrachtet. Warum? Mein Vater hat dem Sinne nach prophezeit, daß mit meiner Heimkehr für die Familie goldene Zeiten anbrechen, denn ich hätte schon als Kind viel verdient, und das, nicht wahr, berechtige zu den schönsten Hoffnungen.

Ein Mensch, der auf der Trage liegt, kann solche Erwartungen nicht erfüllen. Also fangen sie an, meine Arme und Beine zu heben, an ihnen zu zerren, sie ungestüm auf ihre Beweglichkeit zu prüfen. Der beabsichtigte Erfolg, mich gewissermaßen in Gang zu setzen, bleibt aus. Schließlich rufen sie ein Taxi, bugsieren mich hinein, fahren mit mir nach Schöneberg in die Fritz-Reuter-Straße.

Mit fremden Leuten in einer fremden Wohnung. Ein pechschwarzer Hund weicht nicht von meiner Seite. Die Familie kann ihn nicht leiden. Die neuen Angehörigen bestehen, soweit ich da durchblicke, erstmals aus einer neuen Frau Kieling, also meiner Stiefmutter, und Else, meiner Stiefschwester. Mein Zimmer hat ein Fenster, durch das wenig Licht fällt, einen Schrank, in den ich nichts hineintun kann, weil ich nichts habe, und ein Bett fast für mich allein. Der Hund liegt schon darauf und wedelt mich an.

Als ich meine Jacke ausziehe, knistert es in der Tasche. Ein 100-Mark-Schein. Ein freundlicher Herr vom Berliner Senat hat ihn mir am Schlesischen Bahnhof überreicht. »Spätheimkehrergratifikation«, hat er gesagt. Da komme ich doch tatsächlich auf die verwegene Idee, den Hunderter durch die Jahre der Kriegsgefangenschaft zu dividieren...

Beim Essen macht die Stiefmutter ihre Rechnung auf: Wäre mein Zimmer in den vier Jahren nach 1945 vermietet worden, hätte es ein schönes Sümmchen gebracht. Aber das sei ja nicht möglich gewesen, man habe ja ständig mit meiner Heimkehr rechnen müssen.

Da sitze ich nun am Tisch, mehr tot als lebendig, eine Enttäuschung für meinen Vater, der von mir so etwas ähnliches wie »Hoppla, jetzt komm ich« erwartet hat, eine Fehlinvestition für die neue Frau Kieling. Kurzum, eine Hypothek ohne Dekkung.

Die angeheiratete Schwester Else begreift sogleich, daß ich unter den gegebenen Umständen nicht bleiben will, hilft mir, in der Nähe ein Zimmer zu finden, dessen Vermieterin auch bereit ist, den Hund zu dulden, den ich der Familie in kleinen Raten abkaufe. Von zweiundzwanzig Mark Arbeitslosengeld wöchentlich.

Alles, was um mich herum geschieht, ist Freiheit, die ich erst begreifen lernen muß. Es gibt zwei Deutschland und zwei Präsidenten. Der eine heißt Theodor Heuss und der andere Wilhelm Pieck, der frappante Ähnlichkeit mit meinem Vater hat. Und ein »Parlamentarischer Rat« entscheidet – offenbar auf dem Weg zurück zum Reich Kaiser Karls des Großen –, daß Bonn Bundeshauptstadt wird.

Ein merkwürdiger Wunderheiler macht von sich reden, Bruno Gröning, ein Mann mit Kropf am Hals und ausgeprägtem Geschäftssinn. Rund 3000 Menschen allein in Oberbayern warten jeden Tag darauf, von ihm »behandelt« zu werden. Es heißt, er mache Kranke »gesund« – mit Kugeln aus Stanniolpapier. Drei Berliner Kinos zeigen in fünf Vorstellungen täglich – sonntags auch 10 Uhr 30 – einen Dokumentarfilm über ihn: »Ein Mann im Blickfeld der Zeit.«

Im Kino gibt es – nach einer Eintrittskarte muß man Schlange stehen – eine Reihe guter Filme. »Der dritte Mann« mit Orson Welles, Regie: Carol Reed. Mit Alec Guinness in sieben Rollen läuft »Adel verpflichtet«, von Harald Braun stammt »Nachtwache« mit Luise Ullrich, Dieter Borsche und René Deltgen. In den DEFA-Ateliers von Babelsberg, das nun in der DDR liegt, haben Kurt Maetzig »Die Buntkarierten« und Wolfgang Staudte im alten Ufa-Stil »Rotation« gedreht. Beide Regisseure versuchen dabei, die Vergangenheit aufzuarbeiten.

Der KPD-Dichter Johannes R. Becher, vormals Propagandist des »Nationalkomitees« und seit 1945 sogleich in Amt und Würden im sowjetischen Machtbereich von Deutschland, pendelt, sobald ihn die Sehnsucht packt, nach West-Berlin herüber in einschlägige Lokale, die nur von Männern besucht werden. Manchmal dichtet er auch politische Zwecklyrik, die von seinen Parteimitgliedern kritiklos gelobt wird.

Und ich? Ich bin noch nicht vorzeigbar. Sitzen kann ich ohne Schwierigkeiten, richtig Laufen muß ich erst lernen. Meine Stimme ist dünn. Was wird also aus der Schauspielerei? Irgendwie muß ich mich arrangieren. Vielleicht läuft für mich etwas beim Funk oder im Synchronstudio.

Mehr Haare als Suppe

Durch unfreiwillige Sprechübungen in den Berliner Bezirken Dahlem und Grunewald gewinnt meine Stimme ihr ursprüngliches Volumen zurück. Dort sind, zum Beispiel in der Clay-Allee, jene US-Dienststellen untergebracht, die für Organisation, Funktion und Sicherheit des amerikanischen Sektors als dringend notwendig erachtet werden. So auch CIA und CIC, jene geheimen Vereine, die im Bewußtsein von Normalbürgern allenfalls für gewisse dramaturgische Spannungselemente und Verwicklungen in Agentenfilmen und Spionageromanen sorgen – jedenfalls so einfältig, wie der kleine Moritz sich das vorstellt.

Das CIC ist nach Kriegsende besonders an jenen ehemaligen Wehrmachtsangehörigen interessiert, die aus russischen Gefangenenlagern nach West-Berlin entlassen werden. Kann ja sein, daß potentielle Agenten darunter sind, ehemalige deutsche Offiziere und Soldaten, die für Vergünstigungen während der Gefangenschaft möglicherweise dem Werben sowjetischer Geheimdienste oder des »Nationalkomitees Freies Deutschland« erlegen waren und vielleicht Kommunisten geworden sind. Die CIC-Neugier ist nicht etwa global, sie erstreckt sich auf Einzelheiten von Gefangennahme über Lagerleben und Entlassung.

Gesteigerten Wert legen die Interviewer auf Namen. »Wie hieß der sowjetische Lagerleiter? Wer war der deutsche Verbindungsmann zu den Russen? Wer kam vom Nationalkomitee? Wer leitete die Antifaschistische Gruppe in Ihrem Lager? Können Sie eine befriedigende Erklärung dafür abgeben, daß Sie Vergünstigungen in Ihrem Lager hatten?«

Endlos erscheinen mir diese Verhöre, die sich über mehrere Tage hinziehen und manchmal den Eindruck von Gerichtsverhandlungen erwecken. Amerikanische Spezialisten unterschiedlichster Couleur, mal deutsch sprechend, mal über Dolmetscher sich verständigend, fragen mir Löcher in den Bauch, stellen die gleichen Fragen abermals, um mögliche Ungereimtheiten aufzuspüren. Sie suggerieren förmlich den Eindruck, ich – und andere – seien vermutlich freiwillig in russische Gefangenschaft gegangen und auf eigenen Wunsch so spät entlassen worden. Eine nicht nachzuvollziehende Geisteshaltung dieser Witzbolde.

Einige, meistens deutsche Emigranten, die nun in amerikanischer Uniform zurückgekehrt sind, brüllen, wenn meine Antworten nicht erschöpfend oder befriedigend erscheinen. Ich brülle zurück; sie verbitten sich meinen Ton; ich mir den ihren; und auf diese Weise sind wir einander menschlich nicht nähergekommen.

Andere stellen ihre Fragen leise, jedoch voll triefender Ironie oder knisterndem Zynismus. Wenn ich dann mit meinen Antworten zeige, daß ich die dumme Nummer ebenfalls voll drauf habe, werden sie auch laut. Vertrauen einflößen, das ist die politische Aufgabe der US-Menschen in jenen Tagen gewesen. Sie jedoch haben nur sich selbst gesehen. Oder wollen sie uns zeigen, was das ist – Besatzungsmacht?

Unheil, du bist im Zuge

Mit meinen durch amerikanisch-deutschen Dialog gekräftigten Stimmbändern fühle ich mich durchaus in der Lage, wieder vor ein Mikrofon zu treten. Also marschiere ich zum Funkhaus in der Masurenallee, wo ich als gut bezahlter Kinderprofi schon gesungen und gesprochen habe. Der rotgeklinkerte Rundbau, durch Bomben so gut wie unbeschädigt, macht einen merkwürdig toten Eindruck mit ungeputzten Fenstern und halbverrammeltem Haupteingang. Nur das graue schmiedeeiserne Tor der Hofeinfahrt ist offen.

Und wer steht da mit geschultertem Gewehr vor einem mickrigen Bretterhäuschen? Ein russischer Soldat. Hinten auf dem Hof russisches Biwak zwischen Lastwagen. Ein Schild weist das Funkhaus als sowjetische Enklave aus, und als ich das noch enttäuscht lese, sagt der Posten laut und ungeduldig zu mir: »Dawai!«

Diese Hau-ab-Vokabel ist mir aus der Gefangenschaft in allzu schlechter Erinnerung. So schnell und so gut es geht, humpele ich aus dem Dunstkreis des Senders, in dem ich meine frühen Erfolge gehabt habe – eine niederschmetternde Begegnung mit der Vergangenheit.

Noch nicht ganz entmutigt, fahre ich nach Schöneberg, wo sich am Stadtpark der amerikanische Sender RIAS etabliert hat, dessen Intendanten so putzige Tarnnamen wie Mr. Heimlich oder Mr. Greulich tragen. Ich melde mich zu einer Mikrofonprüfung an und schwatze in einer Sprecherkabine den vorgegebenen Text.

Die gepolsterte Doppeltür öffnet sich, ein Mensch hebt bedauernd die Schultern und sagt wohlklingend: »Tut mir leid.«

Ich bin durchgefallen.

Weil ich ein frierender Spätheimkehrer bin, werde ich bei einer pressemäßig gefühlvoll angelegten Spendenaktion berücksichtigt. Bürgermeister Friedensburg, der zweite Mann im Berliner Senat, verteilt Kleidungsstücke vor klickenden Kameras. Ich erhalte, nein, auf mich »entfällt« ein Frack. Er ist nicht zu gebrauchen. Ich wiege keine fünfzig Kilo, und das Galamöbel hat offenbar vorher einem Zwei-Zentner-Mann gehört.

Auf dem Arbeitsamt in der Soorstraße, ich hole dort meine Unterstützung ab, bekomme ich zwei Tips, wo eventuell berufliche Chancen bestehen: in den Langwitzer Synchron-Studios und im Hebbel-

Theater. In Langwitz antichambrieren alle Kollegen von Rang und Namen wegen der raren Sprechrollen beim Eindeutschen amerikanischer und englischer Filme. Tatsächlich fallen einige Takes für mich ab. Im Hebbel-Theater ist durch Krankheitsfall eine winzige Rolle vakant. Auch da kann ich ein paar Mäuse verdienen.

Für mich ist das Geld nicht so sehr wichtig, um mich zu ernähren. Unauffällig und möglichst regelmäßig muß ich mir meinen »Stoff« besorgen, an den ich mich gewöhnt habe – das Dilaudid. Für den Übergang hat meine Stiefschwester das Mittel besorgt. »Gegen meine Bronchitis«, gebe ich vor, und sie, die nichts von meiner Sucht ahnt, glaubt das.

Um den Nachschub zu sichern, suche ich einen befreundeten Arzt auf, treffe jedoch nur noch seine Witwe an. Sie stellt mir sofort alles an Medikamenten zur Verfügung, was sich in der verwaisten Praxis in Gift- und anderen weißen Schränken findet.

Mein Allgemeinbefinden bessert sich. Ich stelle mir kleine Programme zusammen, die ich den einzelnen Kulturabteilungen der Berliner Bezirksämter anbiete. Pro Rezitationsabend erhalte ich zwanzig Mark. Außerdem nimmt mich das Hebbel-Theater für eine weitere kleine Rolle: Ich spiele den Neger Freitag im Jugendstück »Robinson Crusoe«. Schwarz schminken und abschminken dauert länger als der Auftritt.

Nicht weit vom Heidelbergerplatz, im ehemaligen »Haus der Zahnärzte«, residiert eine deutsche Rundfunkstation, der NWDR Berlin. Im Dachgeschoß einer Tempelhofer Schule unternimmt der Sender unter der Leitung des Regisseurs Werner Schöne sogar schon erste Basisstudien für einen künftigen Fernsehbetrieb.

Am Heidelbergerplatz sind meine Bemühungen um einen Job erfolgreicher. Für 1100 Mark monatlich werde ich als Nachrichtensprecher eingestellt. Ich nehme zwar zu, mein Gang wird immer sicherer, doch nach den qualvollen letzten Monaten fühle ich mich beinahe überfordert. Ich halte die kontinuierliche Arbeit mit einer ausgefeilten Kombination durch, die mich jeden Tag fabelhaft fit macht: Pervitin, Dilaudid und Alkohol – eine sehr verläßliche Balancedroge.

Übereilte Eh' tut selten gut

Im »Haus am Waldsee«, einer Experimentierbühne, spiele ich jeden Abend das Stück »Hier ist der Weg zum Grab«, zu dem Benjamin Britten die Musik geschrieben hat. Er sitzt auch allabendlich am Flügel und begleitet die Aufführung.

Plötzlich ein entscheidender Augenblick: Ich lerne Jola Jobst kennen. Sie ist schön, reich, verwöhnt und verheiratet mit Brillantenträger Oberst Graf, dem letzten amtierenden Kommandeur der deutschen Luftwaffe. Er befindet sich – zu meinem Vorteil – noch in Gefangenschaft.

Jola »vereinnahmt« mich sofort. Sie hat eine Traumwohnung in der Heerstraße und kauft einen schwarzen VW-Käfer, eine Sensation in der fast autolosen Zeit, in der allenfalls alliierte Militärfahrzeuge, ein paar Wagen von Schiebern mit gefälschten Nummernschildern und aufgemöbelte Uralt-Dienstautos des Berliner Senats in den Straßen kurven. Ich fühle mich ganz und gar als Glückskind nach den Jahren der Einsamkeit, bin dankbar, daß mich jemand fragt, wie ich mich fühle, wie es mir geht, mir zuhört – bis Jolas Spätheimkehrer erscheint, von unserer Verbindung erfährt und sich mit mir durchaus duellieren will. Doch das Duell fällt flach, er willigt in die Scheidung ein. 1950, ein Jahr nach meiner Entlassung aus der Kriegsgefangenschaft, heirate ich Jola Jobst. Ich weiß nicht, wer davon Kenntnis nimmt. In der Zeitung steht es unter der Rubrik »Standesamtliche Nachrichten«.

Es gibt um diese Zeit für die Leser interessantere Aspekte. Susanne Erichson, auch eine Spätheimkehrerin aus Rußland, wird »Miss Germany«; der Schauspieler Emil Jannings stirbt; auf Sylt darf wieder nackt gebadet werden; deutscher Fußballmeister ist der VfB Stuttgart; Werner Krauss erleidet bei der Westberliner Aufführung des Ibsen-Stücks »John Gabriel Borkmann« einen Herzanfall, weil das Publikum ihm die Mitwirkung in Veit Harlans antisemitischem Film »Jud Süß« übelnimmt und die Vorstellung boykottiert; der Film »Frauenarzt Dr. Prätorius« von und mit Curt Goetz wird uraufgeführt, Albert Florath spielt den Pastor.

Jola Jobst, seine erste Frau. Sie brachte sich 1952 um. (10)

Florath hat mir 1938 zur Konfirmation Goethes Gesamtausgabe geschenkt. Die Bände gehören zu den wenigen Büchern, die aus zwei zerbombten Wohnungen meiner Eltern gerettet worden sind. Im ersten Band finde ich überraschend den Abschiedsbrief meiner Mutter. Sie ist an ihrem zwanzigsten Hochzeitstag nicht einem Bombenangriff zum Opfer gefallen, wie es in dem Telegramm hieß, das mir an der Front ausgehändigt wurde. Sie ist freiwillig aus dem Leben gegangen, nachdem vier Krebsoperationen keine Heilung gebracht haben.

Mit der ihr eigenen Gründlichkeit hat sie feuchtes Zeitungspapier in die Ritzen der Küchentür gestopft, bevor sie den Gashahn aufdrehte. Mein Versprechen, das ich ihr damals im Krankenhaus bei meinem Kurzurlaub gab, ich würde bald für längere Zeit kommen, trieb sie zur Eile – sie wollte in meiner Erinnerung weiterleben als die schöne, zärtliche und unversehrte Mama Anna Maria...

Und ich erfahre noch etwas aus ihrem letzten Brief: Mein leiblicher Vater ist jener Walter Drostel, Vertreter in Schuhpflegemitteln, den ich damals – als Steppke in Neukölln – gut leiden mochte. Schneidermeister Otto Kieling hat den Seitensprung meiner Mutter sanktioniert und mir seinen Namen gegeben.

Wie Sherlock Holmes habe ich jahrelang nach einer Spur von Drostel gesucht. Man will schließlich seinen Erzeuger kennenlernen, nicht wahr? Er war von der Bildfläche verschwunden.

Eine Menge Dinge in meinem Leben nehmen umfangreiche Formen an. Mir werden in den nächsten zwei Jahren immer mehr und immer größere Rollen von den Berliner Theatern angeboten. »Tod eines Handlungsreisenden«, »Dantons Tod«, »Gesang im Feuerofen«, »Sechs Personen suchen einen Autor«.

Eine interessante Aufführung im British Centre macht mir viel Spaß: »Ein Don Juan«, das merkwürdige Stück des Franzosen Michel Aucouturier. Ich spiele einen durch seine Häßlichkeit gehemmten jungen Mann, den die Liebe einer kleinen Hure in den tragischen Helden erotischer Abenteuer verwandelt.

Was mich sehr belastet: Ich bin so schwach, daß ich Bühnenproben oft unterbrechen muß, um Kräfte zu sammeln.

Diametral zu meinen beruflichen Erfolgen zerbröckelt die eben erst geschlossene Verbindung mit Jola. Sie ist wesentlich älter als vorgegeben, stellt sich heraus, und sie hängt unrettbar an der Flasche. Tag und Nacht hält sie hof, auch wenn ich todmüde nach Hause komme.

Eines Tages stoße ich auf einen Abschiedsbrief von ihr, der dekorativ am Telefon lehnt, alarmiere die Polizei, und wir suchen in der Nacht nach der Selbstmörderin. Vergeblich. Am nächsten Morgen erscheint sie, als wäre nichts geschehen. Sie hat sich bei einer Freundin aufgehalten. Das wiederholt sich einige Male, bis die Polizisten für weitere Suchaktionen nicht mehr zu motivieren sind.

1951 und 1952 werde ich mehrmals an meine

THEATER AM KURFÜRSTENDAMM

Sechs Personen suchen einen Autor

Ein Stück, das gemacht werden soll,

von Luigi Pirandello

Inszenierung: Oscar Fritz Schuh — Bühnenbilder: Caspar Neher

Personen des Stückes, das gemacht werden soll:

Der Vater	Kurt Meisel
Die Mutter	Franziska Kinz
Die Stieftochter	Lola Müthel
Der Sohn	Wolfgang Kieling
Der kleine Junge } stumme Personen	Gisela Arnold
Das kleine Mädchen } stumme Personen	* * *
Madame Pace (wird später heraufbeschworen)	Käte Kühl

Die Schauspieler der Theatergesellschaft:

Der Theaterdirektor	Walther Suessenguth
Der erste Schauspieler	Walter Buschhoff
Die erste Schauspielerin	Gerda Zinn
Schauspieler	Jochen Brockmann Harald Juhnke Hugo Werner-Kahle
Schauspielerinnen	Christa Strobel Ruth v. Petenyi Margarete Schön
Der Inspizient	Gerhard Münzel
Der Requisiteur	Werner Pfotenhauer
Der Souffleur	Kurt Weitkamp
Der Theatermeister	Josef Kamper
Der Sekretär des Direktors	Christoph Grosser
Der Theaterdiener	Walter Bechmann
Der Garderobier	Josef Wilhelmi
Die Garderobiere	Nora Brand

Bei Tage auf der Bühne eines italienischen Theaters

Kostüme aus den Ateliers Pollex und Jacob

Technische Leitung: Hermann Klatt · Inspektion: Werner Pfotenhauer

Pause nach dem 1. Akt

Zeit als Kinder-Sopran erinnert, weil die damals besungenen Platten, die es in Deutschland längst nicht mehr gibt, aus dem Ausland Tantiemen auf mein Konto einspielen. Weiß der Kuckuck, wer die Schellackscheiben dort preßt.

Ohne Grauen kann ich's nicht wiedersagen

In der Volksbühne am Kurfürstendamm bereitet Oskar Fritz Schuh die Uraufführung eines fragmentarischen Stückes aus dem Nachlaß von Gerhart Hauptmann vor: »Herbert Engelmann«. Schuh bietet mir die Hauptrolle an, und ich habe bei Publikum und Presse meinen ersten Bühnenerfolg. Dreißig Vorstellungen halte ich durch – dann bin ich körperlich total fertig, breche zusammen und werde ins nächstgelegene Krankenhaus geschafft.

Ratlose Ärzte stehen um mich herum. Ergebnis ihrer Diagnose: Sie wollen meine Gallenblase herausnehmen. Warum? Ich weiß es nicht. Sie punktieren mein Rückenmark, vertun sich mit der Nadel um Millimeter und bescheren mir eine partielle Querschnittlähmung mit teilweiser Leitungsunterbrechung. Und am nächsten Tag wollen sie operieren.

In so einer hilflosen Situation ist es gut, entschlossene Freunde zu haben. Nach hartem Wort-

Das Berliner ›Theater am Kurfürstendamm‹ führte Zuckmayers Bearbeitung 1952 zum erstenmal in Deutschland auf: v. l. W. Kieling in der Titelrolle, Brigitte Ratz als Frau Engelmann, G. Keller und E. Fiedler als Majore a. D.

wechsel mit den engstirnigen »Fachärzten«, die mich beinahe ins Jenseits befördert haben, entführen sie mich kurzerhand ins Robert-Koch-Krankenhaus. Dort praktiziert Professor Erwin Gorband, der weithin beste Oberbauchspezialist.

Er knetet nicht sinnlos an mir herum, sondern erkennt offenbar schon an meinen Bewegungen bei der nächsten Kolik, was zu tun ist. Als ich wieder aufwache, erfahre ich, daß er mir zwei Drittel meines Magens entfernt hat, obwohl mein körperlicher Zustand aus der Routineoperation ein halsbrecherisches Abenteuer gemacht hat.

Eine Nachtschwester sitzt an meinem Bett, um alles fernzuhalten, was mir womöglich schadet. Patienten in meinem Zustand leiden meistens unter ganz unbezähmbarem Durst, doch es ist für sie tödlich, wenn sie trinken. Nachtschwestern sind darauf geschult, einzugreifen. Gewöhnlich wird erst achtundvierzig Stunden nach der Operation ein mandelgroßes Stück Eis zum Lutschen gegen den Durst verabreicht. Auf irgendeine Weise setze ich die arme Frau jedoch außer Gefecht und trinke ohne Gegenwehr das Wasser einer Blumenvase aus, die fahrlässigerweise auf dem Nachttisch steht.

Professor Gorband wird alarmiert. Seine Reaktion ist natürlich nicht überwältigend fröhlich, aber ihm ist nichts Menschliches fremd. Tadel? Nein. Es ist ja nicht ungeschehen zu machen. Das Blumenwasser wird abgesaugt. Er weiß alles über mich, und was er nun sagt, sind keine Sprüche, keine Appelle an den inneren Schweinehund. Er gibt mir mit wenigen Worten zu verstehen, daß er davon absieht, mich zur Entziehung einzuweisen, denn ich könne es mit eigener Kraft schaffen, meine Sucht zu überwinden.

Dieser Berg von einem Mann, der seine erste

Operation morgens um 5 Uhr 30 beginnt und um Mitternacht seine letzten Privatpatienten besucht, macht auf mich junges Wrack einen überwältigenden Eindruck. Und als er mich nach einigen Tagen nach Hause entläßt, verabschiedet er mich mit den Worten: »Auf bald!«

Schlaflos, rund um die Uhr kettenrauchend und saufend, behalte ich erst nach drei Wochen einen Schluck Rotwein mit gequirltem Ei bei mir. Wenn es dunkel wird, greift die Sucht wie ein Polyp nach mir. Ich irre im Zimmer herum, stoße meinen Schädel gegen die Wände, bis ich zusammenklappe. Gegen Morgen versinke ich erschöpft in fiebrigen Dämmerschlaf.

Jola wechselt nachts mehrfach meine verschwitzte Wäsche. Sie verbindet meine Platzwunden am Kopf, flößt mir ein wenig Wasser ein. Ich bin zum Skelett abgemagert. Mein Korsett, das ich wegen der durch die falsch gesetzte Punktion hervorgerufenen Lähmungserscheinungen tragen muß, hat meine Haut wundgescheuert.

Nach Wochen habe ich mich im Griff. Noch immer sehr klapprig, suche ich Professor Gorband auf. Er bekommt nasse Augen, als er beteuert, daß ich in seiner langjährigen Praxis der erste Patient bin, der es allein geschafft hat, »sauber« zu werden. Meine panische Befürchtung, ich könne der Geißel wieder erliegen, fegt er mit einer Bewegung seiner riesigen Arme aus dem Raum. »Sie nicht! Sie haben eine Aversion gegen jede Tablette!«

Sein suggestives, doppelbödiges »Auf bald!«

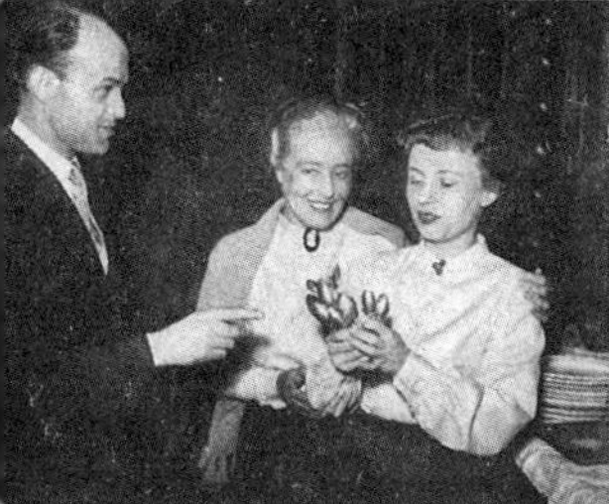

er Premiere: Der Regisseur Otto Kurth gibt den beiden Hauptdarstel-
en Käthe Haack und Brigitte Ratz die letzten Anweisungen. Käthe
ist die Pastorswitwe Kurnick, die in Berlin eine Pension führt;
e Ratz spielt deren Tochter Christa, die mit Engelmann verlobt ist.

„Kommen Sie mit, Doktorchen?" Die Filmdiva Evelyne May (Ilse Petri) und Dr. Ruckstuhl (W. Altenkirch) gehören zu dem bunt zusammengewürfelten Menschengemisch, das sich in der Inflationszeit in der Pension Kurnick getroffen hat.

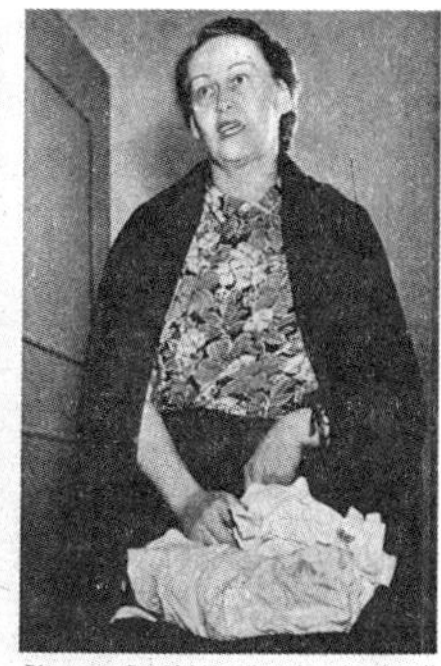

„Die ganze Geschichte soll noch mal aufgeroll werden?" sagt resigniert die Witwe Unschlitt (Ilse Fürstenberg). „Das macht ihn nicht lebendig . . ."

Premiere in Berlin:

Herbert Engelmann

Schon 1924 schrieb Gerhart Hauptmann die erste Fassung seines Dramas „Herbert Engelmann" nieder. Der Dichter wollte das Schicksal eines Menschen zeigen, der aus Krieg und russischer Gefangenschaft nach Hause zurückkehr und sich über das Gebot „Du sollst nicht töten" hinwegsetzen zu können glaubt, weil er an der Front das Töten gelernt hatte. Engelmann wird zum Raubmörder an einem Briefträger. Er glaubt seine Tat durch seine großen Forschungsergebnisse als Physiker an der Menschheit wiedergutmachen zu können. Das Drama spielt zur Inflationszeit 1923 in Berlin, hauptsächlich in den Räumen einer Pension. Carl Zuckmayer hat die ursprüngliche Niederschrift Hauptmanns frei bearbeitet und dem Drama die neue Figur der Witwe des ermordeten Briefträgers Unschlitt eingefügt. Das Berliner „Theater am Kurfürstendamm" verhalf dem Werk bei seiner deutschen Erstaufführung zu einem eindrucksvollen Erfolg

ch so durch die Straßen gehen? . . . Mut, Christa . . ." Der Student Herbert Engelmann ang Kieling) wird, kurz nachdem er Christa Kurnick geheiratet hat, unter der Anschulden Geldbriefträger Unschlitt ermordet zu haben, von zwei Kriminalbeamten (Gert und Erich Fiedler) verhaftet. — Das Gericht spricht ihn wegen Mangels an Beweisen er er selbst kann sich nicht freisprechen. Nachdem er vor Christa das Bekenntnis Schuld abgelegt hat, macht er seinem Leben freiwillig ein Ende. Fotos: Joe Niczky

Minuten, bevor Herbert Engelmann t wird, kommt es — es ist Christas ag — zur Aussöhnung zwischen der

Nach dem 42. Vorhang: Carl Zuckmayer in der Garderobe mit dem völlig erschöpften Hauptdarsteller. Der junge Wolfgang Kie-

ach der Rückkehr aus der DDR stand er sofort wieder auf der Bühne. Riesenerfolg als ERBERT ENGELMANN in Berlin. (20)

wollte er mir als Credo mit auf den Weg geben. Er wußte, daß ich mich schämen würde, ihm als Rückfälliger vor die Augen zu treten. Er hat recht gehabt...

Liebe bleibt die goldne Leiter

Boleslaw Barlog ist Intendant des Schiller-Theaters geworden. Oskar Fritz Schuh soll ihm Wedekinds »Lulu« auf die Bretter stellen. Boris Blacher macht die Musik, Caspar Neher das Bühnenbild. Meine Partner: O. E. Hasse, Martin Held, Heinz Laubenthal und Walter Süßenguth. Die Hauptdarstellerin der Dirne Erdgeist: Gisela Uhlen. Die Premiere ist ein gesellschaftliches Ereignis. Wir sind in Hochstimmung und auf Jubel programmiert. Doch als sich der Vorhang schließt und wir uns zum Verbeugen an den Händen halten, bleibt es im Zuschauerraum ruhig. Kein Jubel, kein Applaus, kaum Reaktion. Einmalig in Berlin.

Barlog dackelt hinter unseren Rücken herum und beruhigt uns: »Ick kenne doch meine Berliner! Det is Rührung! Aba ja, Rührung is det!«

Keine Rührung, stellt sich heraus, sondern schiere Trauer um das verunglückte Stück. Die Kritiken am nächsten Tag sind widersprüchlich, das Publikum strömt auch noch in der nächsten Saison ins Theater, um sich über die »Lulu« eine eigene Meinung zu bilden.

Zwischen Gisela und mir entwickelt sich das, was mit der Floskel »große Leidenschaft« nur ungenau beschrieben werden kann. Ich bin mit Jola Jobst verheiratet und Gisela mit dem Filmregisseur und Flugpionier Hans Bertram, zwei Partner, die viel älter sind als wir. Ergebnis: Unsere Wege werden beobachtet, es wird kontrolliert, wo unsere Autos nächtens parken, kurzum, man zerreißt sich die Mäuler über uns.

Logisch, daß Jola von der neuen Situation erfährt. Sie versucht, mich mit den üblichen Katastrophenmeldungen an sich zu fesseln. Um mir Zwangslagen zu ersparen, erzwingt Gisela an neutralem Ort eine Aussprache mit ihr, die – eigentlich erwartet – ergebnislos verläuft, jedoch Start zu absurden Konsequenzen ist.

Während einer »Lulu«-Vorstellung rast Jola, schwer depressiv, mit dem Wagen gegen einen Lichtmast und zieht sich schwere Schnittwunden im Gesicht zu. Nach der Aufführung fahre ich zu ihr und nehme ihr das Versprechen ab, in Zukunft vernünftig zu sein.

Gisela hat ein Schlafmittel genommen, um für den nächsten Tag fit zu sein. In der Nacht klingelt das Telefon: Jola kündigt einen weiteren Selbstmord an. Gisela, schlaftrunken, weckt mich, schickt mich los. Ich nehme Jolas Drohung als hysterische Reaktion, fahre aber dennoch zu ihr. Die Wohnung ist verschlossen, und die Tür muß von der Feuerwehr gewaltsam geöffnet werden.

Jola hat diesmal Ernst gemacht. Sie lebt zwar noch, stirbt jedoch wenige Stunden später im Krankenhaus. Im Polizeibericht steht: »Vermutlich Unfall, Selbstmord nicht auszuschließen.«

Gisela, durch ihr Schlafmittel halb im Tran, will mich mit ihrem Wagen abholen, gerät auf der Straße ins Schleudern, knallt gegen einen Baum, kriecht benommen auf einem Reitweg in der Heerstraße herum und wird verletzt ins Krankenhaus eingeliefert. Dort steigt sie aus dem Fenster, fährt mit einem Taxi in ihre Wohnung.

»Lulu« wird vom Spielplan des Schiller-Theaters abgesetzt. Berlin hat mal wieder einen Skandal. Gisela übersteht ihren Unfall, ihr seelischer Zustand ist jedoch nicht gut. Von München aus wird sie im Auftrag ihres Mannes Hans Bertram mit außergewöhnlichen Scheidungsbedingungen bedroht. Besonders leidet sie unter dem Beschluß, daß man sie von ihrer neunjährigen Tochter Barbara trennen will, deren Vater Bertram ist.

Nach einigen Tagen findet im Wilmersdorfer Krematorium die Trauerfeier für Jola statt. Als ich danach in ihre – unsere – Wohnung zurückkehre, ist sie gähnend leer. Ihre Verwandtschaft hat mit einer Blitzaktion alle Zimmer total ausgeräumt.

*

Da es keinen Haushalt gibt, der aufgelöst werden muß, kann ich ohne Umstände in eine kleine Wohnung am Breitenbachplatz ziehen, nicht weit von Gisela entfernt.

Eines Nachts ruft mich Barbara an, und ich höre ihr verzweifeltes Stimmchen, das wirr von Mami, Gasherd und Tabletten stammelt. Es ist kein weiter Weg zu Giselas Wohnung. Ein Arzt bemüht sich erfolgreich um die Besinnungslose, Protokolle werden aufgenommen. Jemand erstattet Anzeige gegen Gisela, der Staatsanwalt ermittelt wegen versuchten Totschlags. Alles zielt darauf hin, Gisela das Kind zu nehmen.

Bei der späteren Verhandlung vor einem Moabiter Gericht wird sie freigesprochen, und sie darf Barbara vorerst behalten.

Doch die Scheidung von ihrem Mann und der Kampf um das Kind beanspruchen für die nächste Zeit ihre ganze Kraft. Boleslaw Barlog ist verständnisvoll und entläßt sie vorübergehend aus dem Vertrag. Wir trennen uns – es ist ein Versuch –, und Gisela geht nach München.

Heiraten ist kein Pferdekauf

Der »Raskolnikow« wird mir angeboten. Er wäre meine elfte Mörderrolle in unmittelbarer Folge. Deshalb lehne ich ab und sage bei dem Projekt eines französischen Autors zu, das im Hebbel-Theater herauskommen soll: »Die Zwanzigjährigen«. Meine Kollegen in diesem Abiturientenstück: Gisela Trowe, Ursula von Maneskul, Maria Sebaldt, Klaus Kinski, Ernst Jacobi, Klaus Schwarzkopf, Harald Juhnke, Alexander Welbat und Dieter Ransbach.

Als sich der Vorhang hebt, gilt der Applaus des Publikums nicht so sehr dem Stück, sondern dem beliebten Theater, das nach achtzehn Monaten Ruhe wieder bespielt wird und dessen Akustik seinesgleichen sucht.

Nachdem ich insgesamt drei Jahre am Hebbel-Theater, an der »Tribüne« und am Schiller-Theater gespielt habe, breche ich meine Berliner Zelte ab und fahre nach München. Logisch, daß ich Gisela begegne. Sie ist nach elf Jahren Ehe von Bertram geschieden, hat das Sorgerecht für Barbara erhalten – allerdings mit vertraglich festgesetzten Besuchszeiten des Vaters.

An den Münchener Kammerspielen inszeniert Leonhard Steckel Max Frischs »Don Juan oder die Liebe zur Geometrie«. Es wird eine Bilderbuch-Chance für mich und ein persönlicher Gewinn. Ich kann endlich eine positive Rolle spielen. Das Image des Kaputten, des Morbiden haftet mir an, und mit dem Don Juan kann ich das enge Rollenbild durchbrechen.

Gisela hat für uns die untere Etage einer alten Villa in München-Solln angemietet. Oben gibt der Hausbesitzer jeden Tag jüngeren und älteren Schülern Klavierunterricht. Das Klimpern droht unsere Nerven zu zerfetzen, aber der Garten ist romantisch verwildert. Barbara gefällt das.

Ebenso romantisch wirkt das Münchener Standesamt in der Schwabinger Mandelstraße auf uns. 1953 lassen wir uns dort trauen. Es ist Giselas vierte Ehe und meine zweite. Trauzeugin ist die Kabarettistin Trude Hesterberg, die während der ganzen Zeremonie vor Rührung heult.

Nach der Hochzeit geben wir in Hamburg ein

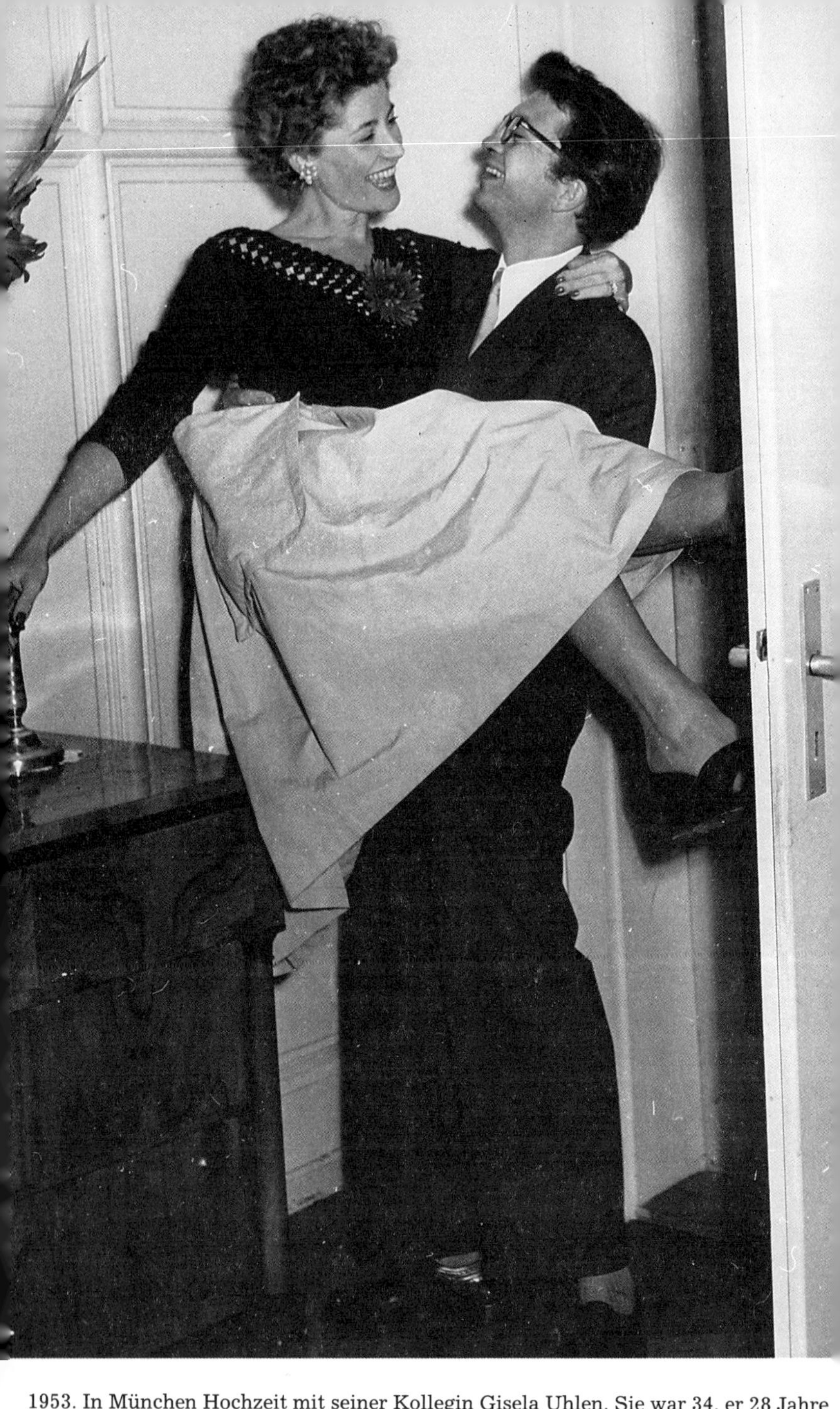

1953. In München Hochzeit mit seiner Kollegin Gisela Uhlen. Sie war 34, er 28 Jahre alt. (15)

Gastspiel mit Strindbergs »Fräulein Julie«. Gisela als die mannstolle, herrische, hochmütige und überreizte Grafentochter, und ich als Diener Jean, elegant, brutal und schließlich ratlos, als Julie ihn nach der Liebesnacht in seiner Kammer fragt: »Was sollen wir tun?« Der Bühnen-Jean macht den Vorschlag, ins Ausland zu fliehen.

Die Frage »Was sollen wir tun?« stellt sich auch, als das Gericht, auf Antrag von Barbaras Vater, Gisela das Sorgerecht für das Kind entzieht. Absurde Begründung: Die neue Ehe sei für das Kind eine schwere moralische Belastung. Beide Elternteile erwirken jede Menge einstweilige Verfügungen, um Barbara in immer kleiner werdenden Abständen an sich zu binden.

Dieses Prestigedenken der beiden Menschen läßt mich alle beruflichen Erfolge vergessen. Um das Kind nicht zu gefährden, verstecken wir das Mädchen in Bayern auf dem Bauernhof eines ehemaligen Kriegskameraden. Der Staatsanwalt erhebt Anklage wegen Kindesentführung. Schriftsätze flattern ins Haus. Auf behördlichen Beschluß wird Barbaras Name in Giselas Paß gelöscht. Reporter lauern uns auf, Schlagzeilen – nicht immer seriös – sind uns gewidmet.

Nicht von dieser Welt sind diese Formen

Giselas Nervenkostüm ist total kaputt. Ich stehe Stunden um Stunden im Synchronstudio, denn Anwälte, Gerichtskosten und Strafen müssen bezahlt werden. Alle mir bekannten Regisseure tun für mich, was sie können, aber das Geld reicht einfach nicht. Da erfahre ich von einem sehr hoch dotierten Job und melde mich: Ein Himmelfahrtskommando braucht einen Fachmann zum Bombenräumen und Minenentschärfen. Und diese – bei falscher Fingerübung verdammt explosiven – Fertigkeiten habe ich schließlich als Sturmpionier bei der Wehrmacht aus dem Effeff gelernt und nicht vergessen.

Aber Interpol macht mir einen schnellen Strich durch das lukrative Geschäft: Die Staatsanwaltschaft läßt international nach Barbara fahnden.

Zum Glück hat mir das Stadttheater Basel ein Angebot gemacht. Wir werfen ein paar Habseligkeiten ins Auto, holen unter konspirativen Sicherheitsmaßnahmen Barbara ab, mogeln uns nach Österreich hinein und dort bis zur Schweizer Grenze. Gisela und Barbara wechseln in dem unübersichtlichen Gelände neben dem offiziellen Übergang zu Fuß von einem Land ins andere.

Zu mir sagt der Beamte am Schlagbaum, nach-

Da kann man nur sagen: HAPPY-END - Make - up
ist wirklich das Wunder der Kosmetik.

Gisela Uhlen
Wolfgang Kieling

Ihre Popularität war für die Werbung nützlich. (18)

dem er meinen Paß sorgfältig studiert hat: »Sie sind allein unterwegs? Hätte mir leid getan, die Frau Uhlen festzunehmen. Sie ist zur Fahndung ausgeschrieben auf der Interpol-Liste. Haben Sie ein Engagement bei uns?«

»Ja, in Basel. Den ›Don Juan‹ von Max Frisch und den ›Bacchus‹ von Jean Cocteau.«

Zwei oder drei Kilometer hinter der Grenze steigen Gisela und Barbara wieder zu mir ins Auto. Wir kommen uns vor wie Marionetten, und unsere Nerven sind die dünnen Fäden, mit denen die Puppen bewegt werden.

In der möblierten Wohnung, die uns von der Intendanz des Baseler Stadttheaters besorgt worden ist, erscheinen zwei Beamte der Kantonspolizei und wollen Gisela und Barbara mit sich nehmen. Um das zu verhindern, gehe ich spontan mit einem der Polizisten in den Clinch, was nichts zur Befreiung von Barbara bewirkt. In einer Art »Grünen Minna« transportieren sie uns ab, trennen uns und sperren Mutter und Kind ein. Mich verhören sie nur und schicken mich wieder nach Hause.

Später erscheint Gisela. Ohne Barbara. Die Behörden haben das Kind ins Baseler Waisenhaus eingewiesen mit der Auflage, es alsbald in einem Internat unterzubringen. Der Hintergrund? Ein Münchener Schlaumeier wollte den zivilen Rechtsstreit zwischen den Eltern um das Sorgerecht mit

1954. Gemeinsamer Auftritt des Ehepaares im Frankfurter Theater am Roßmarkt: DER DOPPELADLER von Jean Cocteau. (16)

einem Paukenschlag beenden und hatte die Schweiz davon unterrichtet, Gisela habe das Kind eigens zu dem Zweck entführt, um es zu ermorden.

Diese blöde Finte durchschaut die Kantonspolizei, billigt uns Schutz und Asylrecht zu, bis der Zivilprozeß in München entschieden ist.

Wir schauen uns Schweizer Internate an und entscheiden uns für eine Schule in der Nähe von Zug. Die Gebühren sind gesalzen, und wir können nur beten, daß das Kind sich dort wohl fühlt. Teuer ist auch ein Anwalt, den wir wegen des laufenden Prozesses engagieren müssen.

Da wir das Verständnis und die Geduld der Theaterdirektion nicht mehr strapazieren dürfen, stürzen wir uns kopfüber in die Proben. Für uns stehen auf dem Spielplan die Tragikomödien »Don Juan oder die Liebe zur Geometrie« und »Bacchus«, Lessings Lustspiel »Minna von Barnhelm« und Bernard Shaws politische Komödie »Der Kaiser von Amerika«.

Wir richten es ein, daß wir einmal in der Woche nach Zug fahren können, um Barbara zu besuchen. Später werden die Besuchsintervalle länger, weil wir Gastspielverpflichtungen eingehen müssen, um Prozeßkosten und Anwälte bezahlen zu können. So reisen wir nach Wien zu einer Neuinszenierung von »Fräulein Julie« in einem Kellertheater und nach Frankfurt am Main für Cocteaus »Der Doppeladler«, ein Reißer im Stil literarisch aufgeputzter Dreigroschenromantik.

In Wien verschwindet Gisela in der Praxis eines Frauenarztes, der ihr bestätigt, daß sie ein Kind bekommen wird. Und zur gleichen Zeit etwa erwirkt die Gegenpartei in München eine Anordnung, daß Barbara sofort nach Deutschland zum Vater geholt werden soll. Ein Jahr lang ist sie im Internat unbehelligt geblieben. Jetzt sehen die Schweizer keine Möglichkeit mehr, uns zu helfen – mir muß etwas einfallen.

Was lange währt, muß nicht gut werden

Von unserem Korrespondenzanwalt in Basel erfahren wir, daß es höchste Eisenbahn ist, Barbara dem Zugriff der Münchener Gegenpartei zu entziehen. Das wird für Gisela, mich und den alten VW zu einer anstrengenden Winter-Rallye im Schneetreiben zum Internat in Zug. Klammheimlich packen wir Barbara ein und setzen uns nach Liechtenstein ab. Da das Kind illegal eingereist ist, muß es mit Gisela diese Grenze und später die nach Österreich abermals auf Seitenwegen zu Fuß passieren.

Dringend benötigen wir Geld. In Wien kann ein Theater-Gastspiel organisiert werden, und ich verkaufe den altersschwachen Wagen. Von Freunden werden wir in einem leerstehenden Gewerkschaftshaus am Fuß des Semmering untergebracht und mit Lebensmitteln versorgt. Dort kann ich Gisela klarmachen, daß wir nur in Ostdeutschland vor dem Zugriff von Barbaras Vater sicher sind, denn zwischen der DDR und der Bundesrepublik besteht kein Rechtshilfeabkommen. Einziger Haken: Wie gelangen wir dorthin, denn an den Grenzen liegt die Fahndungsliste von Interpol, und auf der stehen Gisela und Barbara?

Im viergeteilten Wien hat die österreichische Mentalität offenbar ein wenig auf die Alliierten abgefärbt, denn wie anders ist es zu erklären, daß meine Argumente, ohne Paßkontrollen nach Ost-Berlin zu gelangen, Vertretern der sowjetischen Botschaft einzuleuchten scheinen. Oder ist es mein vertrauenerweckendes Äußeres, sind es meine russischen Sprachbrocken, ist es unser Beruf, »Artista«, oder macht es ihnen nur Spaß, uns vor westlichen Institutionen in Sicherheit zu bringen? Allerdings recherchieren sie meine Angaben und finden heraus, daß Gisela nur in eine zivilrechtliche Auseinandersetzung verwickelt ist und nicht etwa in ein Kapitalverbrechen.

Am nächsten Tag müssen wir uns hinter der Wiener Oper einfinden, ein Wagen der russischen Botschaft nimmt uns auf. Mit geschlossenen Gardinen bringt man uns diskret zum Militärrollfeld neben dem Flughafen Schwechat, dirigiert uns in eine zweimotorige Klapperkiste ohne Druckkabine, die alsbald abhebt und unter erheblicher Geräuschbildung nach Norden fliegt. Und wo landet das gute alte Museumsstück? In Prag. Was sollen wir dort? Gisela glaubt sofort an eine Falle, an Verrat.

Stundenlang hocken wir in der Halle des Prager Flughafens. Keine Möglichkeit, nach Ost-Berlin zu gelangen. Für Gisela ist es schwer, sich mit der Situation abzufinden. Verzweifelt sitzt sie auf der Bank und drückt Barbaras Hand auf ihren schon sehr gerundeten Bauch.

Außerplanmäßig landet eine Maschine aus Moskau mit einer Delegation, die zum »Weltfriedenskongreß« nach Ost-Berlin unterwegs ist. Umständlich wird uns klargemacht, daß der Delegationsleiter einverstanden ist, wenn wir mitfliegen. Plätze seien ohnehin frei.

Eine Stunde später, am Donnerstag, dem 22. April 1954, setzen wir auf dem Ostberliner Flugplatz Schönefeld auf. Fotografen und Kameramänner stehen auf dem Rollfeld, aber sie sind nicht an unserer Ankunft interessiert. Hinter uns steigt die »Friedensdelegation« aus: Die Schriftsteller Anna Seghers und Ilja Ehrenburg mit herumschwänzelnder Begleitmannschaft.

Erste Maßnahme der DDR-Beamten: Sie nehmen uns unsere Ausweise und alles Geld in westlichen Währungen ab. Aber sie bringen uns nicht, wie wir nun erwarten, gemeinsam ins Gefängnis, sondern nur mich. Paßvergehen, sagen sie. Erst nach einigen Tagen finde ich Gisela und Barbara in einem schäbigen Haus am Alexanderplatz, das sich »Republikflüchtigenrückkehrerzentrale« nennt.

Gisela und das Kind werden in einem großen, kalten Raum untergebracht, dessen Türen von innen keine Klinken haben. Irrenanstalten sind ähnlich komfortabel ausgestattet. Es gibt dreimal die gleiche Suppe am Tag. Trostlose »Bürger« aller Schattierungen bevölkern das Gebäude, Kleinkinder purzeln auf den Gängen herum. Es riecht, vorsichtig ausgedrückt, nach Menschen.

*

Als ich in diesem unwürdigen Asyl eintreffe, zwingt mich Giselas Zustand zu einer Handlung, die ich unter allen Umständen vermeiden wollte. Ich rufe Professor Wilkening an, den amtierenden Direktor der ostzonalen Filmgesellschaft DEFA in Babelsberg – früher residierte da die Ufa –, und schildere ihm unsere mißliche Lage.

Offenbar hat er nur auf einen Knopf gedrückt, denn es erscheint ein Jugendfreund von mir, der bei der DEFA mittlerweile Produktionsleiter geworden ist. Er bringt uns ins Gästehaus der DEFA am Griebnitzsee.

Gisela ist natürlich sofort Mittelpunkt des Geschehens. Sie hatte ja schon ab 1936 bei der Ufa gedreht. Sie ist ein Star. Also begnüge ich mich mit der Rolle des Prinzgemahls – was mir schwerfällt – und verdrücke mich jeden Tag mit Barbara. Wir buddeln Regenwürmer aus, setzen uns zum Angeln ans Ufer des Sees, und ich genieße die Ruhe nach dem Sturm.

Ein paar Wochen später erhalten wir von der DEFA Zweijahresverträge, können uns in Klein-Machnow ein Haus mieten, und Gisela stürzt sich sofort in die Arbeit, bevor ihr »Bauch« sie an weite-

55 – 1957. Drei Filme drehte er bei der DEFA nach seinem ersten Wechsel in die
DR: GENESUNG, DAMALS IN PARIS, BETROGEN BIS ZUM JÜNGSTEN TAG.
ıd er ließ sich in Ostberlin von Gisela Uhlen scheiden. (19)

rer Tätigkeit hindern kann. Wir fühlen uns nicht als Asylanten, denn die Grenze ist durchlässig, und in beinahe jedem DEFA-Film werden wichtige Rollen mit westdeutschen oder Westberliner Kollegen besetzt. Und: Über die Avus ist es nicht weit nach West-Berlin. Zwanzig Minuten.

Regisseur Konrad Wolf, Sohn des Dramatikers Friedrich Wolf, beginnt mit den Vorbereitungen für eine Reihe von Filmen, die sich unter den verschiedensten Gesichtspunkten mit der NS-Vergangenheit auseinandersetzen. Er eröffnet mit dem Titel »Genesung«, im Mittelpunkt ein deutscher Mediziner, der erst durch politische Ereignisse zur Parteinahme gezwungen wird. Ein wichtiger Stoff, ein gutes Drehbuch, eine Rolle, wie ich sie mir wünsche. Wolfgang Langhoff, Eduard von Winterstein und Harry Hindemith sind mit von der Partie. Meine Partnerin ist Karla Runkehl.

Die Hölle – das sind die andern

Zwischen mir und Gisela entsteht, wie aus heiterem Himmel und ganz unbeabsichtigt, eine gewisse Entfremdung. Ich konzentriere mich auf meine neue Rolle, sie sich auf das neue Kind, das wir bald erwarten. Wir sind räumlich getrennt, denn ich drehe die Außenaufnahmen in Stralsund für »Betrogen bis zum Jüngsten Tag«, ein Soldatenfilm, aber kein

Kriegsfilm, kein Antikriegsfilm, eher ein Kriminalreißer an der Ostfront.

An den wenigen Tagen, an denen ich mich zu Hause entspannen will, kommt es zwischen mir und Gisela tatsächlich zu fatalen Auseinandersetzungen. Ein Wort gibt das andere, und beide Kontrahenten sind in ihren Ausfällen nicht mehr zu bremsen. Gisela zieht sich von mir zurück, sie sehnt sich nicht mehr nach mir.

Ähnliche Probleme gibt es zwischen einer meiner Filmpartnerinnen und ihrem Mann. Er ist Zahnarzt, und sie haben ein Kind. Sie wollen sich scheiden lassen. Während der viermonatigen Drehzeit sprechen wir natürlich über unsere familiären Schwierigkeiten, versuchen das Geheimnis der plötzlichen Entzweiung in langen, schlauen Debatten zu lösen. Wir entdecken Gemeinsamkeiten im Denken und Handeln, glauben, durch mildtätige, hilfsbereite Zärtlichkeit Gefallen aneinander und den Stein der Weisen zu finden. Natürlich erfährt Gisela von der außerehelichen Minne. Unsere Probleme werden dadurch nicht geringer.

Nach unserer Rechnung muß das Kind Anfang 1955 kommen. Am 10. Januar meldet Gisela sich im Potsdamer Bezirkskrankenhaus zur Entbindung an, am Sonntagnachmittag, es ist der 16. Januar, setzen die Wehen ein, nachts geht es mit dem Krankenwagen nach Potsdam, und am Montagmorgen bin ich Vater. Das Kind ist da. Ein Mädchen. Susanne.

Gisela ist eine sorgsame, eine zärtliche Mutter.

1955. In ihrer Wohnung in Ostberlin. Der junge Vater mit seiner Tochter Susanne au[f] dem Arm, Gisela Uhlen und Tochter Barbara (aus der Ehe mit Flugpionier und Regisseur Hans Bertram). (17)

Sie kümmert sich mehr um das Baby, etwas weniger um die zehnjährige Barbara, die ein bißchen unter dem neuen Schreihals leidet, und gar nicht um mich. Unsere Ehe hängt an irgendeinem Nagel in diesem Haus in Klein-Machnow. Ich komme mir, glaube ich, in der Familie überflüssig vor.

Ich fühle mich nicht wohl in meiner Haut und sage versuchsweise, weil ich Gegenargumente erwarte: »Ich ersticke hier! Ich kann mich nicht entfalten!«

Aber es ist wie in einem modernen Film. Im Drehbuch kein Text, statt dessen Kamerafahrt, Gesicht in Großaufnahme bis zur letzten Pore. Der Beschauer darf sich seinen Reim allein machen.

Wer sich entschließen kann, besiegt den Schmerz

Am Grenzübergang Drewitz wird zur Kenntnis genommen, daß ich auf eigenen Wunsch nach West-Berlin zurückkehre. Mein Personalausweis, den ich im Osten erhalten habe, wird mit einer Art Heckenschere zerschnipselt, und ich werde zum Grenzgänger. Die Wiedereingliederung in West-Berlin ist nicht ganz so einfach. Ich benötige: eine Aufenthaltsgenehmigung, eine Zuzugsberechtigung, einen Wohndringlichkeitsschein, bevor ich eine Steuerkarte bekomme, ohne die wiederum keine Gage verrechnet werden kann.

Die amerikanischen Filmfirmen gebärden sich weniger pingelig. Sie geben mir Exklusivverträge für die Synchronisation von Frank Sinatra, Glenn Ford, Paul Newman und Kirk Douglas. Jede Menge Sprechrollen werden mir in Zeichentrickfilmen angeboten. Ich habe mehr als genug zu tun.

Im Sommer gondele ich hinüber in den Osten, um meine Tochter Susanne zu sehen. Gisela dreht in Kühlungsborn an der Ostsee den Kinderfilm »Das Traumschiff«. Sie schleppt Susanne in einem Tragekorb mit sich und stillt sie während der Drehpausen. Regisseur des Films ist Herbert Ballmann, ein gestandener Riese, der ständig zu fragen scheint: »Wo soll det Klavier hin?«

Sein offenherziger Umgang mit Gisela läßt es ratsam erscheinen, eine Aussprache von Mann zu Mann mit ihm herbeizuführen. Wir treffen uns im Strandhotel von Kühlungsborn, schleichen mit Smalltalk und Atelierklatsch drei Minuten lang um den heißen Brei herum, ehe wir den wesentlichen Punkt erörtern: Er hat mich bei Gisela abgelöst, und ich bin der Mann, der vor ihm war. Er will in Zukunft für Gisela und die Kinder verantwortlich sein, und ich kann mich, bitte schön, von jeglicher Bürde entbunden fühlen.

Kurz darauf stehe ich als französischer Antifaschist René wieder im DEFA-Studio. Titel des Films: »Damals in Paris«. Gisela Trowe spielt die

Frau, um die René sich sorgt und deshalb in Gewissenskonflikt gerät zwischen bedingungslosem politischem Engagement und Privatleben. Der Film wird sowohl für das Kino als auch fürs Fernsehen gedreht. Eine delikate Aufgabe für die Kamera, an der Eugen Klagemann steht.

1957 wird die Ehe zwischen Gisela Uhlen und mir in Ost-Berlin geschieden. Einige Zeit später heiratet sie Herbert Ballmann. Es wird ihre fünfte Ehe.

*

Im März 1957 spiele ich in Hamburg im Theater am Besenbinderhof »Colombe« von Jean Anouilh. Als Alexandra: Gisela von Collande. Fünf Jahre zuvor stand ich mit diesem Stück schon einmal auf der Bühne – in der Berliner »Tribüne«. Hilde Hildebrand war damals die Alexandra, und Helmut Käutner führte Regie.

Während der Hamburger Zeit befinde ich mich in einer Krise. Ich hänge durch, bin gesundheitlich nicht auf der Höhe und bei der Wahl der Partnerinnen, wie sagt man, etwas großzügig. Mitte des Monats ruft mich Gustav Knuth an und sagt mit unsicherer Stimme: »Abi Florath ist gestern gestorben. In Gaildorf. Keine neunundsechzig Jahre.«

Abi, dieser Wundermann, der es nach Feierabend als großes Glück empfand, die Zahnprothese herauszunehmen und sein Korsett aufzuschnüren, das seinen umfangreichen Bauch kaschieren sollte. Dieser ehemalige Standesbeamte aus Westfalen mit der Bayerischen Tapferkeitsmedaille, der keine eigenen Kinder hatte und seine Adoptivtochter Elz abgöttisch liebte.

Er hat außer seinen schrullig-kauzigen Filmrollen nichts hinterlassen – nur Schulden. Er hat sein Leben lang gut verdient und das Geld generös ausgegeben. Nein, nicht verschwendet. Er wußte nicht damit umzugehen...

Ein Mann, der liebt, darf nicht zu blöde sein

Höhepunkt des Berliner Faschings ist jedes Jahr der »Schräge Zinnober«, ein von der Hochschule für Bildende Künste ausgerichtetes Spektakel mit zehn Musikbands aller Stilrichtungen. So nahe wie dort kommen sich Männlein und Weiblein nirgendwo sonst. Die Atmosphäre kuppelt perfekt.

Mein Kostüm ist nicht sehr phantasievoll: Skiunterhose, neu, und ein Bolero, alt. Aber beim »Zinnober« spielt das Kostüm nicht die Rolle, der Verkleidungszwang der Berliner ist nicht sehr ausgeprägt. Man will ja das, was im Fummel steckt, nichts anderes. Ich Brillenmensch bestaune die gekonnte Dekoration, drücke mich vor dem Tanzen, hebe ein paar an den verschiedenen Bars und stehe plötzlich einem wunderschönen schwarzhaarigen Mädchen gegenüber. Johanna Göllnitz, sagt sie,

ohanna Göllnitz, seine dritte Frau, mit der er zehn Jahre verheiratet war. Gemeinsame Tochter: Annette. (24)

heiße sie, und ich meine, sie ist eine Zigeunerin, und nenne sie Jovanna.

Wir müssen uns nicht sehr viel Mut antrinken, um uns alsbald in ihre kleine Bude in der Nollendorfstraße zu verziehen. Sie besitzt zwei selbstgenähte Kleider, und sie studiert Malerei und Bühnenbild. Jovanna gefällt mir über alle Maßen, sie ist naturhaft, unglaublich direkt, genau das, was man eine Zaubermaus nennt. Außerdem ist sie der einzige Mensch weit und breit, dem meine fast leere Wohnung in der Uhlandstraße gefällt. Darin steht ein Bett, und Bücher ersetzen die Möbel.

Als ich nach einem kurzen Aufenthalt in München wieder in der Uhlandstraße aufkreuze, fallen mir fast meine kurzsichtigen Augen aus dem Kopf. Jovanna hat sich total verändert, finde ich, komme jedoch nicht darauf, was es sein kann. Sind es ihre neuen Kleider, die nicht zu ihr passen? Ist es ihre stelzige Art zu gehen? Ist es ihre Sprache, die so klingt, als sei sie synchronisiert?

Es ist die Summe aller Dinge, die aus ihr einen Kunstmenschen gemacht hat. Während meiner Abwesenheit, beichtet sie, sei sie in einen Mannequinkursus gegangen, um mir zu imponieren. Ich muß wahnsinnig viel Geduld aufbringen, um ihr alle anerzogenen Untugenden abzugewöhnen. Nachdem sie sich endlich wieder wie ein richtiges Mädchen bewegt, hängt sie ihr Studium an den Nagel, um fürderhin vollends in meiner Nähe zu weilen. Ganz offensichtlich bereitet sie sich auf Dinge vor, die unseren intimen Dunstkreis legalisieren sollen.

Doch ihr geheimer Wunsch geht nicht in Erfüllung. Noch nicht...

*

Im Schiller-Theater haben wir Premiere gefeiert. Ich bringe Freunde nach Hause und mache mich in der lauen Mainacht auf den Weg nach München, wo ich am nächsten Tag mit Proben beginnen muß. Ich will auf der schnellen Straße beim Grenzübergang Dreilinden auch ausprobieren, ob mein neuer Wagen wirklich die vom Werk angegebenen 192 Stundenkilometer bringt.

Tatsächlich, die Hersteller haben nicht gelogen. Nur das Reh, das plötzlich im Scheinwerferlicht steht, ist von niemandem einkalkuliert. Eine Vollbremsung ist bei dieser Geschwindigkeit unmöglich. Ich versuche, links an dem Tier vorbeizukommen, ahne jedoch nicht, daß der Mittelstreifen durch einen halbhohen Kantstein begrenzt ist. Der Wagen hebt links ab, fällt zurück, reißt Steine, Grasnarben und Erde mit einer Staubfontäne hoch, wird durch den weichen Boden abgebremst. Dadurch hebt sich die rechte Wagenseite, der neue Schlitten überschlägt sich einmal, zweimal und dreimal, donnert endgültig über den Mittelstreifen, rutscht auf dem Dach über die Gegenfahrbahn und knallt mit den Rädern nach oben ins Unterholz. Das Radio spielt, die Scheinwerfer beleuchten Büsche und zerbrochene Äste, ich liege wie ein Embryo in den Trümmern.

Das illuminierte Geschoß und seine Flugbahn sind vom Kontrollpunkt Dreilinden geortet worden. Zum Glück gibt es Kompetenzstreitigkeiten zwischen den ostzonalen Vopos und den westlichen Zöllnern. Der Unfallort gehört nicht mehr zu West-Berlin und noch nicht in die DDR; Niemandsland also.

Mittlerweile stauen sich eine Menge Autos in beiden Richtungen. Klar, die Fahrer sind interessiert, ob, wieviel und wessen Blut fließt. Einen Münchener, der nach Berlin will, nehme ich diskret zur Seite und bitte ihn, sich als Arzt auszugeben und mir Erste Hilfe zu leisten.

Er macht das wie ein Profi, verbindet meine Kopfplatzwunde, und Ost und West sind offenbar froh, sich so delikat aus der Verantwortung für mich mogeln zu können.

Nachdem mein »Arzt« etwas an mir geschnüffelt hat, nimmt er seine Samariteraufgabe vollends ernst. Er gibt vor, mich sofort in ein Krankenhaus bringen zu müssen, packt mich in seinen Wagen, braust mit mir davon und lädt mich in der Uhlandstraße wieder aus.

Ich bin davongekommen. Ein Alkoholtest nach der Premierenfeier? Nicht auszudenken: Der Wagen ist auf Wechsel gelaufen, Vollkasko versichert. Die Blutprobe wäre die zweite Bruchlandung in dieser Nacht gewesen.

Am nächsten Morgen fliege ich nach München, ein kleines Pflaster im Gesicht. Ich kaufe mir Zeitungen. Sie berichten über den Unfall. Ein hübscher Satz steht da: »In dieser Gegend mußten wohl gerade ganze Herden von Schutzengeln Manöver abgehalten haben.«

*

Dieter Hauck ruft mich an und überredet mich, mit ihm und Peter Palitzsch in Stuttgart spannendes, progressives Theater zu machen. Wir hatten schon erfolgreich in Basel zusammengearbeitet: »Bacchus« von Cocteau. Die Option für das Werk war zwar von Gustaf Gründgens erworben worden, doch das Baseler Stadttheater deklarierte das

1958. Stuttgart: Uraufführung von Bert Brechts DER UNAUFHALTSAME AUFSTIEG DES ARTURO UI. Links: Hans Helmut Dickow, rechts: Herbert Steinmetz. (25)

Stück als schweizerische Erstaufführung, und alles lief glatt.

Mit Stuttgart bin ich einverstanden, zumal meine erste Rolle eine für den 19. November 1958 geplante Welturaufführung von Bert Brechts Hitler-Stück sein soll: »Der unaufhaltsame Aufstieg des Arturo Ui«. Wie ein Berserker stürze ich mich in die Probenarbeit, verstehe mich glänzend mit Peter Palitzsch, der das Stück inszeniert, werde von Jovanna umsorgt, die mit ihrem Skizzenblock allgegenwärtig ist.

Palitzsch ist kompetent, denn er arbeitet auch als Regisseur und Chefdramaturg beim »Berliner Ensemble« im Theater am Schiffbauerdamm, wo Brechts Witwe Helene Weigel »die erste Geige spielt« und sich für die einzige legitime Verwalterin des künstlerischen Erbes hält. Sie hat sich zur Premiere angesagt, und ich bin erschüttert, daß von ihr und ihrem Kreis immer mehr Attribute gefordert werden, die ich für unbrechtisch, für zu naturalistisch halte. Hitlers Schmalztolle soll untergebracht werden, und wenn nicht die, dann zumindest das Bärtchen, am liebsten aber alles, was diesen Braunauer Maler so auffallend machte.

Palitzsch ist verzweifelt und ordnet in dieser Richtung nichts an. Ich schleiche zwischen Generalprobe und Uraufführung zu meinem Freund Knöpfle, dem Chefmaskenbildner, und lasse mir eine schöne, blanke Glatze rasieren. In der verbleibenden Zeit kann keine passende Perücke geknüpft werden. Der Garderobier besorgt mir auf meinen

lfgang Kieling und Hans Mahnke in der Premiere der „Toten Seelen".
Zeichnung: Becker-Berke

Wunsch aus der nächsten Kaserne einen abgewetzten Drillichanzug, mit dem ich im ersten Teil auftreten will. Dadurch ist Herr Ui etabliert als der »eben Entlassene«.

Der Vorhang geht hoch, und die Weigel und ihr liebedienerischer Anhang nehmen das als Fälschung ihres Brecht und schäumen vor Wut. Nur: Diese Stuttgarter Inszenierung wird ein Riesenerfolg...

Eigentlich soll der Ui meine einzige Rolle in Stuttgart sein. Aber Palitzsch ist auf den Ge-

Sein Sohn Florian wurde am 27. Dezember 1958 geboren. Er lebt in der DDR. Die Ähnlichkeit mit seinem Vater ist verblüffend. (21)

schmack gekommen, und wir versuchen anschließend einen weiteren Brecht, den er 1924 zusammen mit Lion Feuchtwanger nach einem Stück von Christopher Marlowe geschrieben hat: »Leben Eduards des Zweiten von England«.

Auch mit dieser Arbeit sind wir hoch zufrieden, und ich bleibe in Stuttgart, weil alles richtigen Spaß macht. Ob es nun in »Don Carlos« der Marquis von Posa ist, oder der Tschitschikow in Gogols »Tote Seelen«, in Tschechows »Disa Platonow« der Sohn. Jeden Abend stehe ich dort auf der Bühne – vierzehn Monate lang.

Am 27. Dezember 1958 wird mein Sohn Florian geboren. Drüben in Ost-Berlin. Ein Kind der Liebe...

Und Jovanna? Ich gründe mit diesem schwarzen Lockenkopf eine neue Familie...

Die Menschen sind im ganzen Leben blind

Neues Engagement am Münchener Residenztheater. Als Ensemble-Mitglied und mit mehrjährigem Vertrag steht mein jeweiliger Einsatz auf einem Zettel am Schwarzen Brett. Im Gegensatz zu der fabelhaften Arbeit in Stuttgart fühle ich mich in München als besserer Beamter. Film- und Fernsehangebote muß ich wegen des Dienstplans absagen. Also stelle ich mich quer und nehme nach vier Monaten meine Kündigung entgegen. Und es ist wie verhext, als ich frei bin – kein Angebot von den Medien, Jovanna ist schwanger, und ich bin nicht gefragt.

Frau Johanna 1961 mit Tochter Annette. (22)

Am 13. August 1960 wird unsere Tochter Annette geboren. Wir mieten ein hübsches Bauernhaus in München-Obermenzing, und auf einmal habe ich wieder Spaß am Familienleben. Ein paar Wochen lang funktioniert das Zusammensein glänzend.

Dann gibt es plötzlich Schwierigkeiten, mit denen ich übcrhaupt nicht rechne. Jovanna bereut, daß sie ihr Studium aufgegeben hat. Ihr Nachholbedarf ist nicht zu bremsen. Damit sie beruflich beweglich ist, kaufe ich ihr ein kleines Auto und miete ihr ein Atelier. Beides reicht offenbar nicht aus für ihre Entfaltung. Sie gerät außer Kontrolle, vergißt ihr Baby und mich und stürzt sich in eine halsbrecherische Karriere.

Sie geht als Volontärin zu dem vielbeschäftigten Bühnenbildner Jörg Zimmermann, wechselt nach Salzburg als Assistentin von Kokoschka an seine »Schule des Sehens«, und wird schließlich von Damiani an Strehlers »Piccolo Teatro« nach Mailand geholt.

In meiner Not suche ich per Inserat ein Kindermädchen für Annette. Die jungen Damen, die sich guter Dinge melden, haben noch weniger blauen Dunst von Kinderpflege als ich. Es sind Schauspielelevinnen, denen das Baby piepe ist, die sich aber

Mit seinen Töchtern Susanne (im Arm) und Annette. (37)

im Dunstkreis von Papi Kieling eine edle Karriere versprechen.

Eine von ihnen, Rosmarin, bleibt mir tatsächlich über Gebühr lange erhalten. Vorsichtig ausgedrückt: Es ist eine schöne Verbindung gewesen. Sie bekommt ein Engagement in Verden an der Aller, und ihre Mutter, jawohl, kümmert sich um Annette…

In Italien, höre ich wispern, scheint Jovanna in Schwierigkeiten zu sein. Zwar meldet sie sich bei meinem Routineanruf, aber ich merke sofort, daß etwas nicht in Ordnung ist. Telefonisch alarmiere ich Freunde, die keine Minute versäumen und Jovannas Selbstmordabsichten in letzter Sekunde verhindern können.

Mit der nächsten Maschine fliege ich nach Mailand und finde Jovanna im Irrenhaus, in das sie ohne Einspruchsmöglichkeit eingeliefert worden ist. Nach vierstündiger Debatte mit dem Chefarzt, der etwas Deutsch spricht, erreiche ich ihre Freilassung. Eine Sensation, wenn man die Gepflogenheiten nach einem Selbstmordversuch in vornehmlich katholischen Gegenden kennt. Sie gibt dem Arzt ihr Ehrenwort, sofort zu ihrer Tochter Annette zurückzufahren.

Das Versprechen hält sie bis zum Bahnhof. Dort macht sie auf dem Absatz kehrt und bleibt in Italien…

Das Werk lobt den Meister

Film- und Fernsehangebote häufen sich, meine Gagen klettern, ohne Steuerberater und Managerin geht es nicht mehr. Ich kaufe einen Sportwagen und eine Wohnung an der spanischen Küste. Ich entscheide mich für Filmdrehbücher, die erlebnisreiche Außenaufnahmen mit weit entfernten Motiven versprechen, auch wenn die Handlung und meine Rolle normalerweise indiskutabel erscheinen. So entstehen eine Reihe bemerkenswert schlechter Filme – aber ich habe die ganze Welt gesehen.

Oskar Fritz Schuh residiert mittlerweile in Köln. Ich bin bei ihm mit einer Rolle im Wort, für den Shannon in Tennessee Williams' »Die Nacht des Leguan«. Meine Partnerin ist Grete Mosheim. Anschließend spiele ich den Gnotke in Claus Hubaleks »Stalingrad« mit Bernhard Minetti und René Deltgen.

Kurz darauf, 1963, kommt es zu einer Begegnung mit dem Regisseur Fritz Umgelter, die eine Kette gemeinsamer, umfangreicher Produktionen auslöst.

»Ich will den Büchner machen – welche Rolle in ›Dantons Tod‹ kann ich Ihnen anbieten?« fragt er.

Als ich spontan sage: »Den unheimlichen St. Just«, schlackert er mit den Ohren, denn das ist die

1964. Satanisch und grausam zeigte er den Aufstieg des Herzogs von Gloster zur Macht: KÖNIG RICHARD III. (23)

kleinste Rolle neben Danton und Robespierre. Das Stück wird später die »Wolfgang-Inszenierung« genannt mit Wolfgang Reichmann, Wolfgang Büttner und Wolfgang Kieling.

Doch mit dem vollendeten Bösewicht »König Richard III.« geht es erst richtig los. Allein der Produktionsplan verschleißt die fähigsten Leute vom Management. Alles muß vom Besten sein und unter wetterbedingten Karenzen aus Berlin, Hamburg, Frankfurt, Wien, Zürich jeden Tag eingeflogen werden. Gearbeitet wird einschließlich der Samstage bis 21 Uhr. Eine stückbezogene Kontinuität gibt es aus Kostengründen nicht. Alle Mitarbeiter sind komplett am Boden zerstört.

Nach Abnahme des letzten MAZ-Takes beendet Umgelter das riesige Unternehmen mit dem Siegessatz Richmonds: »Das Feld ist unser, und der Bluthund tot!« Ich glaube, er hat sogar den Shakespeareschen Originalsatz gesprochen: »The day is ours, the bloody dog is dead!«

Ja – und da falle ich vor Erschöpfung in eine satte Ohnmacht.

Nur der erste Schritt macht Schwierigkeiten

1963 bekommen Kurt Hoffmann und Heiner Angermeyer als erste Bundesdeutsche eine Drehgenehmigung für Prag. Ihnen brennt ein fabelhafter

Stoff auf den Nägeln: »Das Haus in der Karpfengasse« von dem österreichisch-israelischen Autor Moscheh Ya'akov Ben-Gavriel, der früher Eugen Hoeflich hieß. Seine Geschichte handelt von deutschen und tschechischen Familien in Prag während der deutschen Besetzung. Regisseur Hoffmann greift zu einem dramaturgischen Trick, der den Film unheimlich atmosphärisch werden läßt: Die Tschechen läßt er tschechisch sprechen und die Juden Pragerdeutsch, sie jiddeln.

Meine Rolle ist stark, und meine tschechischen Kollegen sind ganz außergewöhnlich gut. Abends nach den Dreharbeiten ziehen wir in Prag herum, und ich erneuere meine Bekanntschaft mit der Goldenen Stadt, die ich schon vor rund zweiundzwanzig Jahren auf Anraten Albert Floraths besucht hatte.

An einem späten Nachmittag gehen wir in die zweitälteste Synagoge Europas, und wir merken, daß die Liturgie sich nicht programmgemäß entwickelt. Einer von den zehn Weisen fehlt. Es wird ein bissele gemunkelt, dann kommt der Chazzan, der Vorsänger, mit einem schwarzen Käppele, wendet sich verlegen an mich, ob ich, bitte schön, wenn möglich, als der zehnte Mann einspringen möchte, damit der Rabbiner die Gebetsordnung einhalten kann. Ich setze das Käppchen auf, trete vor, und der Heiligen Sache ist Genüge getan.

Gerade aus Prag zurück, gerate ich in ein anderes Milieu. Fast zwei Monate lang dreht Regisseur Jürgen Roland, der früher als Berliner Polizeire-

1964 als Hauptwachtmeister Glantz in POLIZEIREVIER DAVIDSWACHE. Für diese Rolle erhielt er das FILMBAND IN GOLD als bester Hauptdarsteller. Hannelore Schroth spielte das St.-Pauli-Mädchen Margot...(26)

porter noch seinen Familiennamen Schellack trug, auf der Hamburger Reeperbahn den Film »Polizeirevier Davidswache«. Die Truppe besteht aus Hannelore Schroth, Ingrid Andree, den Gebrüdern Günther, Horst-Michael und Hans Neutze, der letztere besser bekannt als Hanns Lothar.

Neben vielen dramatischen Szenen, die nicht zum Drehbuch gehören, aber mit den Insidern vom Kiez immer bereinigt werden können, gerate ich in eine Situation, die beinahe eine Umbesetzung meiner Rolle notwendig gemacht hätte:

...und Günter Ungeheuer den Gangster Bruno Kapp. Regie führte Jürgen Roland. (27)

Ein längerer Umbau ist fällig für die Ausleuchtung einer Straßenpassage auf der Reeperbahn. Für die Schauspieler bedeutet das: Drehpause. Ich rufe dem Aufnahmeleiter zu, daß ich auf ein Bier in die Kneipe neben dem »Operettenhaus« gehe.

In der Rolle eines Hamburger Polizei-Hauptwachtmeisters trage ich eine Originaluniform mit allen Zutaten und bewege mich so, wie sich Hamburger Polizisten im Milieu bewegen: distanziert-kumpelhaft, weil man sich kennt. In der Kneipe bestelle ich ein Bier, lege Koppel mit Pistole, ungeladen, und Dienstmütze ab und frage nach den

»Örtlichkeiten für Knaben«. Der Zapfer scheint verwundert und zeigt nach oben.

Nachdem ich die Treppe raufmarschiert bin, stehe ich in einem vollbesetzten Billardsaal. Die Loddels, wie die Herren aus der Zuhaltei in Hamburg genannt werden, und die anderen milieugeschädigten Kraftprotze, eben noch über die Billardtische gebeugt, unterbrechen ihre Gespräche und setzen langsam und erstaunt die Queues ab. Das Klicken der Kugeln ist verstummt.

Ein Schild mit einer schwarzen Silhouettenhand weist dorthin, wo sich die Toiletten befinden. Als ich mit dem Gesicht zur Wand stehe und mich auf das Wesentliche konzentriere, umgibt mich plötzlich eine Traube drohender Gestalten, von denen gleich drei auf unliebsame Tuchfühlung gehen.

Ich mache einen Scherz, um die merkwürdige Situation zu entspannen: »Meinen Sie es ernst, oder haben Sie es nur eilig?«

Offenbar ist meine Ansprache genau falsch. Sie wollen keine Scherze, sie wollen Putz machen, den »Bullen« locker aufpolken, umnieten. »Schleimi«, sagen sie, »du bist fällig!«

Eingezwängt stehe ich zwischen ihnen, die Hände am Reißverschluß, auf das Massaker wartend. Schläge, die mich in den Rücken und in den Nacken treffen, sind zwar nicht spielerisch, aber noch abtastend. Wie im Boxring. Man sucht die günstigsten Punkte am Mann.

Die Kiez-Ausdrücke, meine Verarbeitung zu Frikassee betreffend, werden auf einmal von einem etwas groß geratenen Menschen unterbrochen, der sich zu mir heranbaggert und die rettenden Worte spricht in feinem Missingsch: »Dascha 'n Kintopp-Kaschper, dascha Kieling, laßt den man bloß tofrieden!«

Er bringt mich zu meinem Tisch und erklärt, daß kein Polizeibeamter in einem öffentlichen Lo-

Wunsch bei der Bundesfilmpreisverleihung in der Deutschen Oper in Berlin

Ein Genie für den Unterhaltungsfilm

„Notizen am Rande" nannte Msgr. Kochs seine Ansprache zur diesjährigen Bundesfilmpreisverleihung. Die deutsche Filmproduktion des Vorjahres faßte er humorig zu einem Titelsalat zusammen. Nach diesem Muster:

Abends singen „Freddy" und „Buffalo Bill" in „Onkel Toms Hütte" „Das Lied der Prärie". „Die drei Scheinheiligen", diese „Unmoralischen" jedoch, die sich, wie sie's „Von Papa gelernt" haben, ihnen mit dem Wunsch nähern „Heirate mich, Chérie!", erhalten zur Antwort: „Erzähl mir nichts", „Sowas (wie wir) muß um 8" ins „Himmelbett", und zwar nicht „2 × 2", sondern „Lausbubengeschichten" lesend.

Jedoch vergaß er nicht, darauf hinzuweisen, daß man immerhin ein gutes Dutzend Filme der deutschen Vorjahrsproduktion als überdurchschnittlich bezeichnen kann. Er wünschte dem deutschen Film, daß er „unter den jungen oder älteren Regisseuren ein Genie für den Unterhaltungsfilm findet".

Bundesinnenminister Hermann [Hö]cherl betonte in seiner Anspra[che], daß ein Filmhilfegesetz immer n[ot]wendiger werde. Überraschen[der]weise gab er der Hoffnung Ausdr[uck], daß ein solches Gesetz noch in [die]ser Legislaturperiode verabschie[det] werde.

Es ist jedoch erfreulich, daß er d[ies]mal auch den ersten Bundesfilmp[reis] verleihen konnte.

Wolfgang Kieling in „Polizeirevier [Da]vidswache".

kal ohne Mütze und Waffe pinkeln geht. Auch kein Film-Polizist, denn keiner weiß ja, daß er kein echter ist. »Tschüs!«

Nachdem alles im Kasten ist, findet in der Kantine vom Studio Hamburg eine Produktionsabschlußfeier statt. An den Tischen geballte Prominenz. Der Polizeipräsident neben der allerfeinsten St.-Pauli-Garnitur, die in Luxus-Loddel-Limousinen vorgefahren ist. Höhepunkt der stimmungsvollen Feier: Die Milieu-Spitze schenkt mir aus Dank und Anerkennung – ich muß im Sinne vom Hamburger Kiez ein sensationeller Polizist gewesen sein – ein klassisches Gemälde vom Meister Leopold von Kalckreuth. Weiß der Himmel, aus welcher Hehlermasse es stammt...

Für diese Rolle des Hauptwachtmeisters bekomme ich den Bundesfilmpreis in Gold.

Fritz Umgelter stellt Albert Camus' »Belagerungszustand« auf die Fernsehbeine. Bei der ersten Regiebesprechung steht zwar fest, daß ich als »Die Pest« eine Uniform trage, über die Maske jedoch herrscht Unklarheit, genauer gesagt, Umgelter druckst herum mit den Vokabeln »verfremden« und »stilisieren«. Da ich ahne, was er sich vorstellt, jedoch nicht auszusprechen wagt, lasse ich mir vom Maskenbildner die Haare vom Kopf scheren, und Umgelter, entzückt von meiner Glatze, spendiert mir eine Magnumflasche Cognac, und die Produk-

Von den Kritikern gelobte Fernsehaufführung: DIE PEST von Albert Camus. Partnerin: Hilde Krahl. (29)

tion läßt sich hinreißen, mir von Max Raufer eine erstklassige Straßenperücke knüpfen zu lassen. Die kann ich aufsetzen wie einen Skalp.

Daß ich damit im halbdunklen Synchronstudio mein Unwesen treibe, versteht sich von selbst. Mein erstes Opfer ist Hilde Krahl. Sie spielt die Sekretärin der »Pest«, also den »Tod«. Daß sie mich nicht erkannt hat, ist erst der halbe Spaß. Aber wenn man sich vorstellt, daß eines Menschen Hand vorsichtig gepackt und leicht über einen rasierten Schädel geführt wird, na, der denkt doch an alles andere, nur nicht an eine Glatze.

Umgelter hat sich so monströse Totalaufnahmen für die Ansprache der Pest an die Untergebenen in den Kopf gesetzt, daß die größte Bavaria-Halle kaum ausreicht. Das Heck eines gewaltigen Spezialkrans paßt nicht mehr ins Atelier. Die Tore müssen offen bleiben, und deshalb wird das ganze Gelände abgesperrt.

»Ruhe, bitte – Ton ab – Kamera läuft – Klappe – Wolfgang – bitte!«

Die »Pest« will ein totales Regime etablieren: »Eine Pest, ein Volk! Konzentriert euch, vollstreckt, beschäftigt euch! Deportiert, quält, es wird immer etwas übrigbleiben!«

Die schier endlose Ansprache ist in vierzehn Stops aufgeteilt, die jeweils einer Richtungsänderung bedürfen. Ich muß also während des Textes meine Schritte zählen, Markierungen anpeilen und die entsprechenden Wendungen machen.

Nachdem die Einstellung im Kasten ist, applaudiert die Ateliermannschaft – ich bin richtig stolz.

*

Als das Fernsehen die Rechte an Friedrich Dürrenmatts Komödie »Die Physiker« erworben hat, schreibt der Autor noch eine Rahmenhandlung und stellt seine Idealbesetzung zusammen. Therese Giehse, Rosemarie Fendel, Gustav Knuth, Kurt Erhard, Siegfried Lowitz, Willi Semmelrogge. Ich bin der Patient Johann Wilhelm Möbius, der glaubt, der Geist König Salomos sei über ihn gekommen.

Als Gag am Rande engagiert Umgelter den deutschen Meister im Schwergewicht, Gerhard Zech. Er macht seine Sache sehr gut, er ist aber unserer Therese Giehse nicht ganz geheuer.

Eines Tages sitzt er beim Mittagessen weit hinten am Kopfende der für die Produktion reservierten Tafel und schaufelt in sich hinein, was hineingeht. Genervt sieht die Giehse eine Weile zu und fragt schließlich verstört: »I woaß scho, daß er oan Boxer is! Aber warum muß er deswegen mit dene Pratzen essen?« Zech hat in der Tat so gewaltige Hände, daß weder Messer noch Gabel zwischen seinen Fingern zu erkennen sind.

Einige Zeit später, es ist schon Winter, besuche ich einen Freund, der in der Münchener Theatinerstraße ein Möbelgeschäft hat. Wir wollen gerade eine Tasse Kaffee trinken, als ich die Giehse draußen vorbeispazieren sehe. Ich eile hinaus, um sie zu begrüßen. Fast habe ich sie eingeholt, da senkt sich plötzlich tiefe Nacht hernieder. Therese Giehse ist verschwunden.

Auf einmal wird es hell, und ich sehe sie wieder. Sie lugt in einer Unfallklinik vorsichtig in ein Zimmer hinein. Es ist mein Zimmer, und ich liege mit einem Kopfverband im Bett. Seltsam...

»Ihnen ist vom Dach der Hypo-Bank ein beachtliches Eisbrett auf den Schädel gefallen«, erklärt der Arzt das Mirakel, »und hat Sie in die Scheibe eines Pelzgeschäftes befördert. Bis eben sind Sie noch bewußtlos gewesen. Wir haben Ihre Platzwunde genäht.«

Nachdem ich mich angezogen habe, fahre ich zu meinem Bekannten zurück, um endlich den angebotenen Kaffee zu trinken. Er fragt, wo ich so lange gewesen sei, und ich sage ihm: »Im Krankenhaus! Übrigens – der Kaffee ist kalt!«

Lohn der Philosophie ist langes Leben

Ein filmischer Seitensprung ist fällig. Mit dem tschechischen Regisseur Leopold Laola und Peter van Eyck. In Jugoslawien drehen wir »Die Banditen von Rio Grande«. Uns sind schußfeste Pferde versprochen worden, man hat jedoch verschwiegen, daß die armen Zossen schon ein knappes Dutzend Karl-May-Filme hinter sich haben und durch falschen Transport unheimlich nervös geworden sind. Sie gehen mit Vorder- und Hinterhand gleichzeitig in die Luft, wenn vor der Kamera nur die Klappe geschlagen wird. Peter van Eyck, ein anerkannt guter Reiter mit eigenem Gestüt in St. Margareten, wird schon am ersten Drehtag aus dem Sattel befördert, bricht sich die Hand und läßt seine Reitszenen nur noch doubeln.

Der einzige Mann, der mit den strapazierten Gäulen umzugehen versteht, ist der italienische Kollege Mario Girotti. Ein prima Kerl, der Stuntman und Schauspieler zugleich ist und später unter dem Künstlernamen Terence Hill eine weltweite Karriere macht.

Der finstere Cañon, in dem wir sechs Wochen lang drehen, nennt sich Tierreservat, und vier Faktoren sind für die Produktion in gewisser Weise störend:

Dauernd taucht in unserer Nähe ein verschwitzter Amerikaner mit zwei Begleitern und proviantschleppenden Packpferden auf, der von Tito eine Bärenabschußlizenz für 5000 Mark gekauft hat. Er ist bisher nicht zum Schuß gekommen, gibt jedoch die Hoffnung nicht auf, dennoch einen Bären aufzuspüren;

Sandvipern, die jeden Schritt zum Wagnis machen – mal ganz abgesehen davon, daß sich niemand traut, sich auf den Boden zu setzen oder zu legen;

See-Igel, die das Baden im Cañonsee zu einer stacheligen Angelegenheit werden lassen;

Eifersucht, die für viele Filme reicht, denn auf zwei Herren kommen drei Damen, und mit der gerechten Aufteilung gibt es ständig Schwierigkeiten.

Leopold Laola steckt voller schöner Geschichten. Wir hören ihm nächtelang zu und entscheiden uns, eine seiner Stories im nächsten Jahr zu realisieren. Titel: »Die süßen Zeiten mit Calimacdora.« Ein traumhaftes Stück, eine traumhafte Rolle für mich.

Ich hungere zwanzig Pfund ab, frische meine Reitkenntnisse auf, bastele eine Besetzung zusammen, beschaffe Produzenten und Verleiher und fahre schließlich mit meiner Tochter Annette zur Erholung auf die Insel Sylt.

Seltsame Gerüchte kommen mir dort zu Ohren: Der Film wird umbesetzt, der Produzent gewechselt, ja, die Dreharbeiten haben schon begonnen. Es sind keine Gerüchte, stellt sich heraus, sondern Tatsachen. Irgendwer muß Laola noch günstigere Konditionen verschafft und ihm einen anderen Hauptdarsteller aufgeschwatzt haben. In seiner Heimatstadt Bratislawa fällt dann nicht nur für das Unternehmen die letzte Klappe, sondern auch für Leopold Laola. Er stirbt. Mit 46 Jahren.

1967, zu Beginn des Sechs-Tage-Krieges auf der Sinai-Halbinsel, rufe ich in der Kölner Hilfszentrale an und bitte um die Namen zweier Kinder, denen ich Schutz und Hilfe anbieten kann. Ich bekomme keine Antwort. Etwa, weil ich einem Jahrgang angehöre, bei dem sich jeder ausrechnen kann, daß ich in irgendeiner Form mit dem unseligen Krieg von 1939–1945 zu tun gehabt habe?

In meiner Tasche steckt ein Vertrag für den Film »Tevje und seine sieben Töchter«, und ich steige mit gemischten Gefühlen in die Linienmaschine nach Israel. Zum ersten Mal habe ich mir Antworten für mögliche Interviews zurechtgelegt, denn ich kann mir schlecht ein Schild um den Hals hängen mit der Aufschrift: »Ich habe nichts Böses getan!«

Shmul Rodenzki, der den Tevje spielt, nimmt mir jede Scheu. Er läßt den Drehplan ändern, um private Zeit für uns herauszuschinden, macht mich auf eine Weise mit seinem Land und seinen Leuten bekannt, die weder Nachhilfeunterricht noch »Gehirnwäsche« ist. Unmerklich lenkt er mich und die Menschen, denen ich begegne, läßt uns einander verstehen.

Wir leben im nordöstlichsten Kibbuz, im Hagu Schrim, unweit der syrischen Grenze. Es kommt vor, daß ein Blindgänger verspätet hochgeht oder Geschosse sich als Querschläger bis zu uns verirren. Unsere Kolleginnen werden immer nervöser, reagieren sogar hysterisch, wenn es irgendwo knallt.

Eines Morgens braust ein verdreckter Jeep in den Kibbuz, ein junger Offizier springt heraus und fragt, in welcher Sprache er die Damen beruhigen dürfe. Dann hält er in Deutsch einen strategischen Vortrag, in dem ballistische Gegebenheiten, tote Winkel und andere Begriffe der Kriegskunst durcheinanderpurzeln, von denen die Mädchen nichts verstehen. Aber als er endlich Feldblumensträuße an sie verteilt und mit jeder ein paar artige Worte wechselt, fliegen ihm flugs alle Herzen zu, und sie fühlen sich so sicher wie auf dem Wiener Opernball. Nachdem er in einer Staubwolke verschwunden ist, erfahren wir, daß er General ist, Oberkommandierender der Nordfront, 34 Jahre, im Zivilleben Advokat, verheiratet, drei Kinder.

In diesem Augenblick wird mir klar, warum ich von der Hilfszentrale in Köln keine Antwort bekommen habe: Sie können alles allein.

Auch mein Freund und Kollege Peter van Eyck wird durch diese Menschen zum glühenden Bewunderer des Landes. Kurz vorher noch, als wir die Disposition für den ersten Drehtag erhalten, auf dem »Wecken: 4.30 Uhr« und »Schminken: 5.15 Uhr« vermerkt ist, will er mit der nächsten Maschine zurückfliegen. Nachdem die Produktion abgeschlossen ist, bleiben wir beide noch im Land, so lange, wie es sich mit anderen Terminen vereinbaren läßt.

Nach Amerika zu segeln

Wir sind mitten in der Arbeit für Axel von Ambessers Film »Das Abgründige in Herrn Gerstenberg«. Beim Mittagessen in der Münchener Bavaria-Kantine wird über Lautsprecher mein Name aufgerufen. »Hollywood für Herrn Kieling«, sagt die Telefonzentrale.

Die Kollegen feixen, halten es für einen gelungenen Witz, dem ich aufgesessen bin, als ich zur Zelle laufe. Der Schmäh »hollywoodverdächtig« gehört zum Beruf, solange es das Medium Film gibt. Erstrebenswertes Vorbild: Emil Jannings, der 1928 als einziger deutscher Filmschauspieler und erster Ausländer in Amerika den »Oscar« bekam. Sicher auch interessant: Jannings strich drüben Wochengagen von 10000 Dollar ein, nach damaligem Kurs 42000 Mark. Wohlgemerkt, zu Stummfilmzeiten. Insgesamt hat er in Hollywood 200000 Dollar verdient, und weil er kein Vertrauen zu amerikanischen Banken hatte, ließ er sich seine Gage in bar auszahlen, stopfte die Scheinchen in seinen Kopfkissenbezug – und darauf schlief er nachts.

Sein erster Tonfilm in Deutschland war dann »Der blaue Engel« mit Marlene Dietrich. Er ist im Januar 1950 gestorben, sein großes Anwesen am Wolfgangsee verkaufte seine Witwe Gussy Holl an den Industriellen Otto Wolff von Amerongen.

Als ich in der Telefonzentrale den Hörer abnehme, meldet sich ein Mr. Kent MacPherron. »Mr. Hitchcock möchte Sie kennenlernen und möglicherweise eine Rolle in ›Torn curtain‹ mit Ihnen besetzen.« Mir fällt zwar nicht der Hörer aus der Hand, aber ich bin doch verblüfft. Wir treffen uns, werden handelseinig über eine Doppelrolle für diesen Ost-West-Spionagefilm, obwohl ich ungeheuren Schiß habe, ausgerechnet in Amerika einen zwielichtigen Agenten zu mimen. Da gibt es doch bestimmt Darsteller, die die Nummer besser drauf haben. Aber Hitchcock will unbedingt ein paar deutsche Schauspieler haben.

Mit meinem Entschluß bringe ich die Ambesser-Produktion erheblich ins Wanken, gerate in einen leidigen Papierkrieg, weil ich für Amerika eine Arbeitsgenehmigung benötige. Die zu besorgen, ist schon schwierig genug, ich aber versäume es, versuche es nachzuholen, erfahre, daß die Zeit nicht mehr ausreicht, und gerate in Panik, weil nun eine sechsstellige Konventionalstrafe droht. Der Hitchcock fängt gut an…

Ein junges Mädchen wirft den Rettungsanker, die Nichte des deutschen Botschafters in Washington. Sie verspricht, in wenigen Stunden alles zu regeln, was ihr auch per Telex gelingt; sie stellt jedoch die Bedingung, daß ich sie mitnehme. Also tausche ich mein First-Class-Ticket gegen zwei Economy-Plätze, zahle noch rund 400 Dollar drauf und habe die junge Dame für die nächsten vier Wochen am privaten Hals.

Paul Newman, der die Hauptrolle in »Torn curtain« spielt, begrüßt mich mit den Worten: »Ach, Sie sind der Deutsche, auf den wir eine Woche warten mußten?« Meinen Kollegen Hans-Jörg Felmy und Günther Strack wird ein ähnlich vielversprechender Empfang bereitet.

Unsere Laune wird nicht besser, als man uns außerhalb der Studios in kleinen mobilen Garderobenwagen unterbringt. Die amerikanischen Stars leben während der Produktion in luxuriösen Wohnmobilen unmittelbar am Drehort.

Zunächst miete ich mir ein Auto, das kleinste aus der großflossigen Armada amerikanischer Vehikel. Mein Hotel liegt in einer Nebenstraße des Sunset Boulevard und gehört Dean Martin. Das Universal-Studio befindet sich irgendwo in einem der Täler zwischen Bel Air und Hollywood, abgeschirmt wie eine geheime Raketenstation. Der Haken dabei: Ich verfahre mich rettungslos auf den verschlungenen Highways und Freeways und weiß nicht mehr, wo ich bin. Also chartere ich mir ein gelbes Taxi und bitte den Fahrer, mich mit seinem

Wagen zum Studio zu lotsen. Das übe ich mit dem Mann ein paarmal hin und zurück zum Hotel, bis ich den Weg im Schlaf kenne.

Während der ersten Drehtage muß ich nicht viel abliefern, nur drei oder vier Einstellungen. Mein Halt im knirschenden Getriebe ist der Szenenbildner Hein Heckroth, der für die Ausstattung des Films »Die roten Schuhe« einen »Oscar« bekommen hat. Er gibt meine Wünsche und Bedenken in frankfurterischem Amerikanisch weiter und hält mich auch davon ab, nach der ersten Drehwoche das Handtuch zu werfen, um mit der nächstbesten Maschine in Richtung Heimat zu starten.

Ein Vertreter der Schauspielergewerkschaft will mich zum Eintritt in seine Organisation zwingen. Der Hinweis, ich sei Ausländer, wird mit einem kurzen Schreiben beantwortet: »Selbstverständlich sind Sie auch weiterhin gern gesehener Gast in unseren Studios, nur nicht als Schauspieler.« Also zahle ich umgerechnet 1200 Mark Mitgliedsbeitrag und bin legitimiert, vor amerikanische Kameras zu treten.

Die Arbeitsatmosphäre ist schauerlich. Es wird zwar pausenlos gefragt, ob ein Whisky angenehm sei, wie die vergangene Nacht war, wie es denn so ginge, und wenn nicht gut, warum nicht – ich fühle mich echt gefoppt. Sonst jedoch erstarrt alles in kristallener Unpersönlichkeit. Ob die amerikanischen Darsteller auch darunter leiden, vermag ich nicht zu beurteilen.

Meister Hitchcock tut nichts, um den Zustand

Paul Newman im Clinch mit Wolfgang Kieling. War ihm der deutsche Schauspieler zu gut und dessen Rolle zu üppig? (30)

zu ändern. Das Barometer seiner Laune ist gegen 14 Uhr abzulesen. Schon morgens bei Drehbeginn zeigt er seine Abneigung gegen Schauspieler, mittags sind sie offenbar nur noch ein purer Zufall der Natur. In einer eigens für ihn verlängerten Mittagspause besichtigt er in seinem Privatoffice und in ganz privatem Kreis die Musterkopien. Andere Regisseure machen das nach Drehschluß. Seine Assistenten, sehr viele ältere Damen, entnehmen der Mimik des »Zauberers«, wie diese Muster seiner Meinung nach ausgefallen sind, und lobpreisen dann Meister und Werk.

Einmal müssen die Szenen ganz besonders gut gewesen sein. Hitchcock kommt zu mir, umarmt

1966. Hollywood. Er spielte den Ingenieur Grommeck in Alfred Hitchcocks Ost-West-Agentenfilm DER ZERISSENE VORHANG... (31)

..und in einer Doppelrolle Grommecks 20 Jahre älteren Bruder. Aber dieser Part wurde aus dem fertigen Film herausgeschnitten...(31b)

mich, lobt mich, richtet die nächste Szene ein und schwatzt plötzlich in recht beachtlichem Deutsch über sein Leben. Die Scheinwerfer sind eingeschaltet, Drehstab und Atelierarbeiter verstehen kein Wort. Er hat 1929 als Filmarchitekt bei den Außenaufnahmen für »Der Bergadler« in Obergurgl begonnen. Hauptdarsteller: Bernhard Götzke. Den kennt kaum noch jemand. Der Regisseur erkrankt, fällt aus, und Hitchcock übernimmt die Regie.

Hitchcocks Humor ist sehr britisch, nicht vorhersehbar. Die Leute im Atelier, sprachlich von unserer Unterhaltung, die er führt, ohnehin ausgeschlossen, richten sich einfach nach meinen Reaktionen. Wenn ich lache, lachen sie auch, wenn ich mit dem Kopf nicke, nicken sie auch, wenn ich erstaunt bin, sind sie auch verwundert. Hitchcock weiß das, sieht es und genießt es. Man kann es ihm an der Nasenspitze ablesen.

Seine Art von Spaß treibt er auch mit Prinzessin Margaret und ihrem Mann Lord Snowdon. Die königlichen Hoheiten haben sich für eine Atelierbesichtigung angesagt, werden von der studioeigenen Aussichts-Eisenbahn herangekarrt und am Drehort auf einen improvisierten Thron placiert. Auch Hitchcock hat für sich eine thronähnliche Sitzgelegenheit anfertigen lassen. Beide Parteien sitzen erhöht und genießen die Situation – mit dem Ergebnis, daß zehn Minuten lang gar nichts geschieht.

Hitchcock raunt einem Nahestehenden zu: »Die können warten! Hier bin ich König!«

Lieber Wolfgang, ich danke Ihnen, dass Sie mir die Moeglichkeit gegeben haben, mit einem der besten Kuenstler zu arbeiten, die ich je gekannt habe

Aufrichtigen Dank Hitch

Die Spannung steigt. Endlich entschließt man sich zu einem Kompromiß. Beide Parteien erheben sich, schreiten würdig aufeinander zu, begrüßen sich wie Staatsoberhäupter und nehmen den Applaus der Anwesenden huldvoll und mit einem der Situation angemessenen Lächeln entgegen.

Ich spiele in diesem Ost-West-Thriller, der später den deutschen Titel »Der zerrissene Vorhang« bekommt, also eine Doppelrolle, den Agenten Grommeck und seinen zwanzig Jahre älteren Bruder. Offenbar ist die Arbeit so glänzend gelungen, daß von einer »Oscar«-Nominierung für die beste Nebenrolle gemunkelt wird. Und nun wird es hochinteressant: Paul Newman, Star mit vertraglichem Einspruchsrecht, läßt die eine Hälfte meiner Doppelrolle sofort herausschneiden. Der französische Regisseur François Truffaut, der die Urfassung gesehen hat, protestiert bei Hitchcock heftig gegen die drastische Verstümmelung. Er hat keinen Erfolg, denn es ist nicht Hitchcocks eigene, sondern eine Auftragsproduktion. Der etwas verlegene Meister schickt meinen herausgeschnittenen Part als Geschenk für Truffaut nach Paris. Die seltsame Filmkopie befindet sich dort in der Cinemathek.

Mir schickt Hitch sein Fotoporträt in Großformat mit sehr salbungsvoller Widmung.

Das Gold ist nur Schimäre

»Zwar bedauerlich«, sagt mir am Telefon ein Freund, als ich eine Verabredung mit ihm platzen lassen muß, »aber ich sehe dich ja ohnehin ständig auf dem Bildschirm – wann immer ich einschalte.«

Für 1966 stimmt das. Ich bin der Puppenspieler Paul in dem Musical »Das Mädchen aus Mira«, der Staatsanwalt in »Standgericht«, der George Rodgers in »SOS – Morro Castle« und der Garcin in Jean-Paul Sartres Schauspiel »Geschlossene Gesellschaft«, bei dem Fritz Peter Wirth Regie führt.

Diese Rolle hat es den Juroren der Programmzeitschrift HÖRZU angetan: »Wolfgang Kieling vermag eine Rollengestalt bis in die Hintergründe ihrer Erscheinung zu durchleuchten und alle ihre seelischen Antriebe bloßzulegen. Er hat diese Fähigkeit in Sartres Stück ungewöhnlich überzeugend bewiesen. Der Zwiespalt in Garcin, der Widerspruch zwischen Kraft und Feigheit, zwischen scharfem Verstand und der vernichtenden Anklage gegen sich selbst wurden seziert und zugleich unlöslich zum Bild eines Menschen unter höllischem Zwang verbunden.

Kieling verfügt über eine höchst differenzierte mimische Ausdruckskraft, eine reiche Skala von Tönen und Zwischentönen, und er setzt diese Mittel

Geschlossene Gesellschaft
(v. l. n. r.) Wolfgang Kieling, Andrea Dahmen und Gisela Uhlen. (33)

mit der Sparsamkeit ein, die dem Bildschirm gemäß ist. Er ist ein Darsteller, der in hohem Maße den besonderen Anforderungen des Fernsehens gerecht wird.«

Mit dieser Laudatio verbunden ist die »Goldene Kamera«, die im Januar 1967 im Berliner Haus des Springer-Verlages überreicht wird. Neun andere Kollegen sind ebenfalls Preisträger. Beachtlicher Auftrieb von Prominenz aus allen Lagern, für die es doch noch ganz lustig wird, nachdem der Verleger Springer seine ureigenste politische Meinung abgesondert hat. Ein Jahr zuvor hatte ich den »Bundesfilmpreis in Gold« bekommen, überreicht von Innenminister Hermann Höcherl – der Mann hat das unpolitisch und ungemein witzig gemacht.

Notiz am Rande: Ich verfüge über allerlei handwerkliche Fertigkeiten, bilde ich mir ein, obwohl diese oder jene mir zwei linke Hände nachsagen. Doch eine männliche Entwicklungsstufe habe ich nicht gemeistert – ich kann mir keine Fliege binden. Für die Smoking-Zutat brauche ich knotende Hilfe. Jovanna, noch immer mit mir verheiratet, ist zur Knoten-Stunde nicht in der Nähe. In meiner Not rufe ich meine Tochter Susanne an und frage: »Was tun?«

Das Mädchen, ungeheuer praktisch veranlagt, spricht mir Mut zu: »Laß hängen!«

Ein nicht zu übertreffender Rat, der sich am Abend der Kamera-Verleihung als modischer Hit erweist. Journalisten und Fotografen, ohnehin

1967 bei der Verleihung der GOLDENEN KAMERA von HÖRZU. Neben ihm von rechts: Elisabeth Wiedemann, Peter Frankenfeld und Inge Meysel. (34)

dankbar für jede Abweichung von der Norm, betrachten meine vom Hemdenkragen herunterhängenden Fliegenenden als berichtenswerte Zutat der Veranstaltung.

*

Jovanna, ihrer verwirrenden Karriere überdrüssig, kehrt Italien den Rücken und hegt den unbezähmbaren Wunsch, ihren Wohnsitz nach Berlin zu verlegen.

Ein Reihenhaus ist schnell gefunden, doch mit dem Wiedereinstieg in dieses Berlin ist es schwer. Der Schah-Besuch, Rudi Dutschke und der Tod des Studenten Ohnesorg hinterlassen Spuren, und wenn man sich an einer Demonstration gegen die Vietnam-Politik der Amerikaner beteiligt, heißt es: »Wer immer Mörder spielt, gehört auch privat zu denen! Und einen Bart hat er auch – igitt!« Und spitze Finger weisen auf mich.

Der Bart ist zwar rollenbedingt, aber wer wollte das unterscheiden? Ich gelte als »Linker« und werde es dann wohl auch. Weltanschaulich unterstützt von der progressiven Jovanna, weiß ich nach einem Jahr, daß ich mit beiden »goldenen« Preisen nicht leben kann. Den Bundesfilmpreis lasse ich für irgendeinen guten Zweck versteigern. Er bringt 1700 Mark. Die merkwürdige »Goldene Kamera« hat bereits Grünspan angesetzt, als ich sie in eine Kaufhaustüte wickele und mich im Februar 1968 – Termin der nächsten Preisverleihung – auf den Weg ins Springer-Hochhaus mache.

Uwe Lucks, der stellvertretende Chefredakteur der Programmzeitschrift, macht am Eingang des Saales die Honneurs, und kurz nachdem er Robert Lembkes Ratekränzchen begrüßt hat, kann ich ihm das Beutelchen mit meinem Preis vom Vorjahr in die Hand drücken, was ihn ungemein konsterniert. Ich formuliere meine Abneigung gegen die politische Berichterstattung der Springer-Blätter, er möchte das nicht auf seine HÖRZU ausgeweitet wissen, und so reden wir eine Weile aneinander vorbei.

Am nächsten Tag kann ich in der Springer-Presse nachlesen, daß ich »großen Sinn für Theatralik« habe. Berichterstattung ist eben immer Glückssache. Theatralik wäre es gewesen, wenn ich diese Grünspan-Kamera vor versammelten Gästen zurückgegeben und eine entsprechende Laudatio gehalten hätte.

Sie machen aus mir eine Unperson, denn ich habe wohl Herrn Springer einen persönlichen Tort angetan. Fotografen in den Studios, sonst sehr rührig in ihren Bemühungen, mich vor die Linse zu bekommen, machen mir verschämt klar, daß ein Foto von mir an die Springer-Blätter nicht zu verkaufen sei. Ich erfahre sogar von einem befreundeten Journalisten, daß die Springer-Redaktionen meinen Namen bei Kritiken oder Berichterstattungen über Dreharbeiten tunlichst nicht erwähnen sollen. Nur in Darstellerverzeichnissen müssen sie mich leben lassen.

Wie hatte doch der Verleger bei der Preisverleihung so treffend getönt? »Dieses Haus blickt sehnsuchtsvoll in die andere Hälfte der Stadt.«

Dadurch wurden in mir Gedanken an den anderen Teil der Stadt geweckt, Erinnerungen an wichtige Dinge, an großartige Kollegen, an ein Dasein ohne Hektik und Besen-Ehrgeiz, Steuerangst und Profilierungspanik. Doch derartige Erinnerungen können auch falsch, zumindest positiv verfälscht sein, und ich versinke in einen Strudel voller Wünsche und Zweifel.

Die außerparlamentarische Opposition macht aus der ganzen Geschichte ein rundes Ding, läßt mich gegen die gesellschaftlichen Zustände in der Bundesrepublik und die Vietnam-Politik der USA protestieren – in einer Terminologie, die mir fremd und unheimlich ist. Das widerfährt mir häufig im Leben: Ich bin erstaunt darüber, was gelegentlich mit mir geschieht. Das soll keine Form der Abkehr von irgendeiner Entscheidung sein, kein Kneifen, kein Kniefall – nur, wundern darf erlaubt sein.

Der endgültige Entschluß, ins östliche Berlin zu übersiedeln, bringt es mit sich, daß einiges zu klären, zu überschreiben, zu verwalten, zu verschenken ist. Ein hübscher Bauernhof im Bayerischen Wald zwischen den Flüssen Schwarzer und Weißer Regen, eine Ferienwohnung südlich von Tarragona – all jene Dinge eben, die in einem VW-Käfer schwer unterzubringen sind. Der RA Horst Mahler und sein Sozius Otto Schily regeln alles für mich. Der jungen Journalistin Ulrike Meinhoff gebe ich das letzte Interview im Westen.

Nun will der Ost sich lichten

Am 18. März 1968, zwei Tage nach meinem 44. Geburtstag, ist es soweit. Die Sonne scheint, ich gehe mit meiner Tochter Annette in die »Walliser Stuben« zum Mittagessen, und kurz nach 14 Uhr tukkern wir im Käfer an den auf beiden Seiten freundlich winkenden Zollbeamten und Grenzern vorbei ins Paradies der Werktätigen.

Fatalerweise kommt auf uns ein großer Bahnhof zu, als wir im Diplomatenhotel Johannishof eintreffen. Journalisten belagern uns, der Generaldirektor der DEFA wartet mit einem Vertrag, und zur Begrüßung steht der Kulturminister vor der Tür. Er fragt – nach den Pflichtvokabeln –, ob ich ein Haus wolle, oder ob es auch eine Wohnung täte.

»Eine Wohnung tut es«, sage ich, und die ist dann in der Koppenstraße zwischen S-Bahn und Mauer. Keine Renommieradresse, aber janz jut und mittenmang.

Arbeitsmäßig einigen wir uns zunächst auf zwei Projekte: Die filmische Adaption von Kleists »Der zerbrochene Krug«, die den Titel tragen soll: »Jungfer, sie gefällt mir«; der zweite Film mit dem Titel »Das siebente Jahr« ist ein moderner Problemstoff, nämlich die über Gebühr belastete Ehe einer Herzchirurgin mit einem erfolgreichen Mimen.

Trotz allem werde ich das Gefühl nicht los, daß die Übersiedlung nach Ost-Berlin der größte Fehler meines Lebens ist. Die Erinnerung an die Zeit vor rund dreizehn Jahren, damals schon einmal als »Flüchtling« mit Gisela Uhlen bei der ostzonalen DEFA, hat mich diesmal, weiß ich jetzt, zu schnell, zu unüberlegt, zu emotional handeln lassen. Spontane Neugier kommt dazu – von der werde ich ständig überrumpelt.

Noch etwas wurmt mich zutiefst: Die dreist-pampige, oder besser, unmenschliche Berichterstattung über mich in einer ganz bestimmten Sorte von Zeitungen. Sie behaupten in feiner Art und um Rufmord bedacht, ich hätte meine Tochter Annette entführt, eine achtköpfige Familie exmittieren lassen, weil ich auf ihr Haus in Klein-Machnow scharf gewesen sei, bekäme keinerlei Rollenangebote, wäre vor einem Riesenberg Steuerschulden geflohen, und – offenbar völlig unverzeihlich – ich hätte mir eine »rote« Freundin zugelegt.

Da das nun alles sinnloser Quatsch ist, muß ich mich in Ost-Berlin von Rechtsanwalt Professor Kaul juristisch betreuen lassen. Er ist der meistgefürchtete Nebenkläger beinahe aller Nazi-Prozesse in Europa.

Ein Mann mit profundem Wissen, ein glänzender Kriminalschriftsteller, ein genialer Verteidiger – und Ankläger. Er kann sich im Osten alles herausnehmen, was für andere verboten oder unerschwinglich ist, er fährt die dicksten Autos westlicher Produktion und hält zur SED-Prominenz strikte private Distanz. Ja, und er ist sehr reich. Außerdem hat er – doch wer weiß das schon – die amerikanische Staatsbürgerschaft.

Das Neue dringt herein mit Macht

In den Filmen »Jungfer, sie gefällt mir« und »Das siebente Jahr« passiert etwas wirklich Seltenes: Ich habe in beiden Produktionen die gleiche Partnerin – Monika Gabriel.

Die Intensität unserer Zusammenarbeit überträgt sich bald auf unser Privatleben, obwohl das ihre erst wenige Monate zuvor durch eine Eheschließung geregelt scheint. Aber ihr Mann versteht sie und verzeiht ihr...

Beide Filme bleiben den Erfolg schuldig. Aber wem soll das angelastet werden? Dem Drehbuchautor Jurek Becker, von dem das großartige Buch »Jakob der Lügner« stammt? Der Regie? Der Kamera? Uns selbst? Uns vielleicht am ehesten, denn so recht bei der Sache sind wir nicht gewesen. Zwei Scheidungen stehen unserem Glück im Wege, Annette muß in eine Tagesschule, und das ist noch nicht geregelt, und für die nächsten Filme – diesmal getrennt – haben wir auch schon arbeiten müssen.

Zunächst den Episodenstoff »Das Duell« nach Anna Seghers – ich sah mich ihr wieder gegenüber damals auf dem Prager Flughafen, als Gisela und ich in der Maschine ihrer Friedensdelegation nach Ost-Berlin flogen. Dann ein Vierteiler »Jeder stirbt für sich allein« von Hans Fallada. Ein weiterer Film, »Leichensache Czernik«, den wir in der ČSSR begonnen haben, wird abgebrochen, weil Regisseur Klein, Monikas Entdecker, stirbt.

Die Wohnung in der Koppenstraße erweist sich nun als zu klein. Wir ziehen in eine Villa in Wendenschloß, einem Teil des alten Köpenick. Das Haus, das früher dem Stummfilmstar Henny Porten gehörte, liegt am Möllhausen-Ufer gegenüber den Grünauer Regatta-Tribünen. Im historischen Rathaus von Köpenick heiraten Monika und ich später. Manche wundert's. Sie ist zwanzig Jahre jünger als ich. Es ist meine vierte und ihre dritte Ehe.

Unerwartet meldet sich aus Frankreich der Regisseur Robert Menegoz, um mich für die Hauptrolle in einem Expeditionsfilm nach Brasilien zu holen. Titel: »Hunger 2000«. Im Gegensatz zu ostdeutschen Kollegen, denen Ausreise und Mitwirkung nie gestattet worden wäre, bekomme ich sofort grünes Licht. Und so werden die Unterschiede zwischen Deutschen und Deutschen wieder sichtbar, und ich bekomme ein schlechtes Gewissen.

Nach meinem Abflug nach Brasilien färbt mein Sonderstatus auf Monika ab und verhilft ihr zu einer Traumreise nach Kambodscha. Ich hingegen wähne sie schon auf der Fahrt nach Bad Elster zu einer Kur, nicht aber bei Prinz Sihanuk, der in Pnom Penh ein hausgemachtes Filmfestival veranstaltet, illustre Gäste einfliegen läßt und sich fühlt, als sei er der Größte.

Brasilien beginnt mit zwei Pannen. Mein Gepäck ist mit einer anderen Maschine in ein anderes Land gereist, und ich muß mich in Recife neu einkleiden. Wir haben uns vorgenommen, über den Hunger in diesem Land zu berichten, erhalten für dieses Vorhaben jedoch keine Drehgenehmigung. Also weichen wir auf einen Alibistoff aus, fotografieren uralte Dieselaggregate, seltene Berieselungsanlagen, besonders üppige Bananenstauden und firmieren als Entwicklungshilfe-Filmer.

Doch mit jedem Kilometer, den wir uns von der Zivilisation entfernen – und es sind schließlich einige tausend –, können wir unser vorgeschobenes Interesse an der Entwicklungshilfe ad acta legen. Zu unseren verwegenen Zielen folgt uns niemand mehr.

Natürlich ist auch der Posteingang entsprechend spärlich und die Briefauslieferung von Zufällen und glücklichen Umständen abhängig. Was Monika in zeitlich korrekter Reihenfolge über Kambodscha und Bad Elster schildert und in den Kasten wirft, gerät in unseren brasilianischen Empfangsorten zum gut gemischten Pokerspiel. Der Beschreibung des Sanatoriums folgt die Charakterisierung ihres Reitelefanten, ihre Abneigung gegen verschiedene Kurmittel ist schwer in Einklang zu bringen mit dem livrierten Chauffeur, der ihr beim Einkaufen mit einem »Lincoln« im Schrittempo folgt.

Wir hingegen bewegen uns mit zwei weniger vornehmen Wagen auf den Waschbrettpisten des Urwalds so mühsam vorwärts, daß wir beschließen, auf dem Wasserweg ins Innere des Landes vorzustoßen. Wir verladen die Fahrzeuge auf einen uralten Raddampfer, dessen Kessel noch mit Holz befeuert werden. Nachdem der Charterpreis ausgehandelt ist, die Eingeborenenmannschaft Feuerholz geschlagen und an Bord gebracht hat, müssen wir den Schiffsveteran für außerordentlich wichtige Sicherheitsvorkehrungen verlassen.

Die Mannschaft postiert sich an Deck vor dem frischen Holz. In den meisten hohlen Stämmen halten Schlangen ihre Siesta, verharren dort auch während des Transportes an Bord, aber sobald das Holz ruhig liegt und beim Trocknen knackt und knistert, verlassen sie zischend ihre Verstecke. Sportlich, doch beschaulich, sich Trefferquoten zurufend, knallt die Mannschaft Nattern und Vipern ab. Am Abend erreicht unser Dampfer eine der breitesten Stellen des Flusses São Francesko, die den furchteinflößenden Namen »Piranha« trägt. Unser Kameramann räumt mit der blutrünstigen Legende der kleinen Schreckensfische auf. Er springt ins Wasser, wir schauen ihm entsetzt zu, aber nichts geschieht. Das macht Mut. Wir steigen aus unseren verschwitzten Klamotten und erfrischen uns inmitten unzähliger Piranhas, die uns nur neugierig mit ihren Mäulern anstupsen.

Ein Besatzungsmitglied verzichtet auf das Bad. Er hat sich bei der Schlangenbekämpfung eine Verletzung zugezogen, und Blut – »Pedido, cavalheiros« – haben die Fische sehr gern. Er erklärt auch, daß Industrieabwässer die Piranhas in bestimmten Bereichen der Flüsse derart aggressiv machen, daß sie, was sattsam bekannt ist, von ihren Opfern in Windeseile nur Skelette übrig lassen.

Tage später erfahren wir von einer raffiniert betriebenen Form der Sklaverei. Die Häscher begeben sich nicht mehr auf mehrtägige Reisen, um ihre Opfer einzufangen. Das ist viel zu umständlich. Sie warten – die Sklaven kommen von allein, und es funktioniert immer:

Damit die Männer aus dem Inneren des Landes im schmalen, fruchtbaren Küstenstreifen arbeiten können, um ihre Großfamilie zu ernähren, müssen sie eine lange und gefährliche Strecke überwinden: Hunger, Durst, Schlangen und die Sklavenfänger der Plantagenbesitzer. Die greifen die Glückssucher kurz vor der Küste auf, verladen sie auf Lastwagen und karren sie in die abgelegenen Zuckerrohrplantagen. Alles wird ihnen abgenommen, sie bekommen statt Bargeld nur Essensmarken für die Grundnahrungsmittel. Billiger Fusel wird großzügig ausgeschenkt, der die Halbverhungerten zu gefügigen Arbeitstieren macht.

Um den Ranchero von unserer »guten Absicht«

zu überzeugen, verpflichte ich mich, für einige Zeit unter den gleichen Bedingungen wie die Sklaven zu arbeiten – von morgens bis abends mit der Machete Zuckerrohr schlagen. Nur so kann mit versteckter Kamera wichtiges Material geschossen werden.

Irgendwann sind wir der Meinung, alles im Kasten zu haben. Wir denken an den Rückflug, müssen jedoch noch das letzte Okay der Kopieranstalt in São Paulo abwarten – kann ja sein, daß wir Szenen nachdrehen müssen. Bis dahin schickt mich Robert Menegoz nach Rio – wahrscheinlich eine kleine Reverenz, weil ich als Ältester der Gruppe alle Strapazen gut überstanden habe.

Plötzlich wieder ein weiches Bett, Swimmingpool und schöne Mädchen im Copacabana-Palais. Ich treffe auf eine deutsche Filmcrew mit Michael Pfleghar an der Spitze, der mir den französischen Hubschrauberpiloten Patrik samt Gerät vererbt.

Der widmet sich nun eine schon honorierte Woche lang ganz mir, kurvt, natürlich auf der Suche nach Mädchen, niedrig über dem Strand, Sonnenschirme knickend, Badetücher davonwirbelnd. Dann landet er auf der Spielfläche vom Fußballstadion Makadamar, winkt mich aus dem Cockpit und zeigt mir die Stelle, von der aus Pelé sein dreihundertstes Tor geschossen hat.

Während Patrik Kapriolen treibt, haben meine französischen Freunde das gesamte Filmmaterial außer Landes gebracht.

Sich rückwärts konzentrieren

Kurz vor Weihnachten bin ich wieder bei Monika. Zitternd. Vor Glück natürlich auch, vornehmlich jedoch wegen des Temperaturunterschiedes von fast 50 Grad. Mitten hinein in meine Akklimatisierungsbemühungen platzt Jovanna, und die Menge ihres Gepäcks läßt darauf schließen, daß sie sich auf eine längere Zeit einrichten will. Wir einigen uns in Freundschaft, daß sie unsere Tochter Annette vorerst in ihre Obhut nimmt.

Ich muß kurz darauf nach Leningrad, wo Konrad Wolf die russisch-ostdeutsche Co-Produktion »Goya« inszeniert. Logisch, daß Monika mich begleitet. Aber sie kann nicht so lange bleiben, wie die Dreharbeiten dauern. Also hänge ich herum, komme zum Denken und Nachdenken, weil in diesem Land alles umständlich und fremd ist, selten etwas klappt oder funktioniert und Restaurants immer dann geschlossen sind, wenn ich Hunger habe. Und daß Sprengwagen auch im strömenden Regen die Straßen sprengen, weil die Fahrer ihre Norm erfüllen müssen.

Mein Denkprozeß hat schon in Brasilien in voller Stärke eingesetzt. Ich weiß, daß ich mich in diese DDR-Gesellschaftsordnung nicht mehr einreihen kann. Robert Menegoz, dem ich anvertraut habe, ich müsse – je eher, je lieber – in den anderen Teil Deutschlands zurück, schaltet sofort, ändert und vergrößert die Rahmenhandlung des Films, so daß auf wundersame Weise Außenaufnahmen in Wien und Paris notwendig werden. Was mich jedoch bedrückt: Ich kann Monika nicht ins Vertrauen ziehen, um ihr mögliche Folgen einer Mitwisserschaft zu ersparen.

Nachdem »Goya« abgedreht ist, fliege ich nach Wien, komme bei Freunden unter und bin besser aufgehoben als im Hotel. Auch ein Journalisten-Ehepaar Seeliger taucht auf, offenbar mit meinen Gastgebern befreundet und anscheinend an meinem Wohlergehen interessiert.

Am nächsten Tag tausche ich meinen Paß beim deutschen Botschafter. Nachmittags soll im Studio gedreht werden, und am Abend will ich Monika anrufen und mit ihr die nächsten Schritte beraten. Bevor ich ins Atelier fahre, bereite ich eine Erklärung für meine Rückkehr in den Westen vor und spreche sie probehalber auf Band. Mit dem Ergebnis nicht zufrieden, bitte ich die Gastgeber unter Zeitdruck, die Kassette zu löschen oder zu vernichten.

Als ich Monika am Abend anrufe, ist sie in Tränen aufgelöst. Sie weiß schon alles. Woher? Diese Familie Seeliger hat das unselige, von mir nicht autorisierte Band mit den Entwürfen zu einer Erklärung an sich genommen, ausgewertet und in die Medien geschleust. Und das bedeutet natürlich »Feuer frei« für die Presse. Alle spektakulären Vokabeln aus der schwarzen Schlagzeilenkiste werden mit dem Namen Kieling sensationell aufgeblasen.

Am nächsten Morgen bitte ich das Kulturministerium in Ost-Berlin, mir einen Unterhändler zu schicken, mit dem alle Modalitäten, die mich und Monika betreffen, erörtert werden können. Es erscheint der Leiter der DDR-Handelsvertretung in Wien, ein wenig flexibler und inkompetenter Mensch.

Erst in Paris, wo Robert noch nachdrehen will, erscheint ein höchst intelligenter Abgesandter der DDR-Regierung, der dann auch drei Besuche für mich im Ostberliner Ministerium vorbereitet.

Nachdem ich in den Pariser Studios abgedreht bin, reise ich nach Berlin, werde am Übergang Heinrich-Heine-Straße von einem Offizier in Empfang genommen und mit einem Tagespassierschein versehen ins Ministerium gefahren. Die Strafverfolgung – ich bin ja Republikflüchtiger – wird für Stunden ausgesetzt. Monika steht an der Grenze neben ihrem »Saporoschje«, den sie »Herr Schmidt« nennt, winkt mir zu und fährt dann mit diesem Winzigmobil der Staatskarosse hinterher, die mich abtransportiert.

Die drei Gespräche bringen kaum etwas in Bewegung. Aber ich kann mit Monika nach Wendenschloß zum Möllhausen-Ufer fahren. Zwischen 22 und 23 Uhr wird angerufen, daß ich das Gebiet der DDR selbstverständlich nicht bis Mitternacht verlassen müsse, wie der Tagespassierschein das verlangt, sondern die Nacht bei meiner Frau verbringen könne.

*

Eine neue Phase belastet Monika und mich, eine beinahe nicht erträgliche Pause. Ich muß nach München, um wieder Fuß zu fassen. Meine Managerin hält zu mir, obwohl ein Wall von Feindseligkeit aufgebaut worden ist. Menschen, die früher nicht müde wurden, mich ihrer Freundschaft zu versichern, weigern sich jetzt, mit mir in der Produktion »Kanibalen« zusammenzuarbeiten.

Bum Krüger lehnt aus politischen und moralischen Gründen die Partnerschaft ab. Auch Günther Mack gibt seine Rolle zurück. Hintergrund: Sie rechnen offenbar damit, daß ich das Engagement verliere. Aber es kommt anders. Nicht ich werde ersetzt, sondern für Krüger und Mack werden Friedrich Joloff und Eberhard Peiker engagiert. Ein Nachrichtensprecher rennt mit einem Recorder durch die Aufnahmeleitungen und spielt Mitschnitte uralter Interviews von mir ab. Das Projekt kommt trotzdem zustande, und der Anfang ist geschafft.

Ich ziehe zu meinem Freund Peter Vogel in die Adalbertstraße, denn ich besitze keinen Pfennig. Was ich verdiene, vertelefoniere ich in fast endlosen Gesprächen mit Monika.

Wolfgang Staudte, Gerd Fröbe, Romy Schneider, Helmut Käutner versicherten mir, daß sie, falls nötig, für mich da seien. Gisela Trowe, Werner Bruhns und viele andere bieten mir ihre Wohnungen an, bei Eberhardt Fechner und Katrin Briegl mache ich schließlich am längsten Station.

Es ist Winter geworden, und ich bin in eine kleine Berliner Wohnung gezogen, die mir Freunde zur Verfügung gestellt haben – nicht nur das Domizil, auch ihren Wagen. Die Telefonate mit Monika werden zur Qual, weil die Sehnsucht zu groß und die Trennung zu lang ist. Ich versuche einen Trick, um die unwürdige Situation zu beenden. Kurz vor Weihnachten schicke ich an den Kulturminister ein Telegramm, daß ich am Morgen des Heiligen Abends am Grenzübergang sein werde, in der festen Hoffnung, unter Strafaussetzung nach Ost-Berlin einreisen zu dürfen.

Am Heiligen Abend 1970 gegen 9 Uhr 30 passiere ich unangefochten die Grenze, und knapp eine Stunde später liegen wir uns in den Armen und bereiten ein gemeinsames Weihnachtsfest vor. Sogar ein zerrupfter Baum läßt sich noch auftreiben. Das Wunder ist geschehen – man hat Monika und mich zueinander gelassen.

Allabendlich muß ich bis spätestens Mitternacht das Gebiet der DDR verlassen haben. Lästig. Als ich bei der Einreise am Morgen des Silvestertages die Abfertigungsbaracke betrete und meinen Paß abgebe, bittet mich ein Offizier in den Nebenraum. Ich bekomme es mit der Angst zu tun.

Er fragt in wundervollem Sächsisch, das erst klingt, wenn der Unterkiefer ein bißchen länger ist als normal. Echte Sachsen verfügen über diese Anomalie.

»Guder Mann, Sie machen sichs werglich schregglich schwer, verschdehnse? Und immr midden Audo und'n Goffer.«

»Ich verstehe nicht, was Sie meinen.«

»Sie gönn doch übern amerigahnschen Scheggpoind Scharly in unsere Dedde-Err einreisen.«

»Der ist doch nur für Ausländer«, sage ich.

»Rischtsch! Nu guggen Se mal Ihrn Paß genau an.«

Er reicht ihn mir zurück und weist mit dem Zeigefinger auf die Rubrik »Wohnsitz«. »Was stehdn da, Herr Gieling?«

Da hat die deutsche Botschaft in Österreich eingestempelt: »Derzeit Wien«. Ich bin sozusagen Ausländer und kann den von den Amerikanern eingerichteten Checkpoint Charly in der Friedrichstraße benutzen. Der Vorteil: Die Aufenthaltserlaubnis in der DDR beträgt 24 Stunden.

*

Es versteht sich, daß Monika mehrere Male den Antrag auf Familienzusammenführung gestellt hat. Ohne Erfolg. Außerdem steht sie pausenlos im Atelier, und bei einer laufenden Produktion wird man sie ohnehin nicht ziehen lassen.

Also absolviere ich mit meinem Ausländer-Status jeden Tag die ost-westlichen Grenzformalitäten. West-Berlin: Kofferraum auf, warten, stempeln, warten, Kofferraum zu. Ost-Berlin: Kontrolle, Kofferraum auf, Gebühren, warten, Kofferraum zu, warten, Paß. Die Prozedur dauert speziell an Wochenenden bis zu drei Stunden. Monat für Monat.

Den Nachbarn in Wendenschloß wird die Geschichte unheimlich. Sie sehen mich zu verschiedenen Tages- und Nachtzeiten zu Hause, im Garten, bei Spaziergängen, in Restaurants. Neben mir wohnt der SED-Chef, mir gegenüber der Minister für Sport und Technik, neben dem der Super-Aktivist Adolf Hennecke, nicht weit von denen Staatssicherheits-Boß Mielke. Ich passe nicht ins Reglement und deshalb kommt Unruhe auf. Außerdem brause ich ständig in anderen Autos an – Wagen von Freunden, denn ich besitze keinen fahrbaren Untersatz.

Darüber wird es Sommer und heiß. Die Atmosphäre zwischen Monika, mir und der Umwelt entspricht aufziehenden Gewittern, die sich nicht entladen können. Wir haben fast alle Möbel verkauft, und das Parkett im halbleeren Haus knarrt bei jedem Schritt doppelt so laut wie vorher.

In dieser explosiven Stimmung schreibe ich einige Zeilen an Erich Honecker, bringe den Brief selbst ins Zentralsekretariat. Bereits nach zwei Tagen ruft er an und sagt, daß es in der Familienzusammenführungssache Kieling keine Hindernisse gäbe – alles in Ordnung.

In den nun folgenden Tagen hat Monika alle Mühe, die Positionen ihres Ausreise-Laufzettels bei den verschiedenen Behörden abhaken zu lassen. Man hat ihr den Status einer Frührentnerin zugebilligt, was die Ausreise erleichtert. Auch ein Drehtag ist noch unterzubringen für ihren letzten DEFA-Film. Titel: »Über ganz Spanien wolkenloser Himmel.«

Am 28. Juni 1971 kommt sie nach West-Berlin. Ich fahre noch einmal hinüber in den Ostsektor, um unseren Kater Atze und unseren Pudel Baudi in die »Familienzusammenführungssache Kieling« einzubeziehen.

Wolfgang Kieling begann mit der Niederschrift seiner Erinnerungen Anfang 1985 an dem Tag, als er ins Krankenhaus eingeliefert wurde. Er plante zwei Teile: Die rastlosen Jahre bis 1971 – die bestimmt waren von seiner Neugier auf das Leben; und anschließend den Abschnitt, der in etwas ruhigeren Bahnen verlief. Nach Abschluß des 1. Teils skizzierte er den Inhalt der Fortsetzung:

Mitte 1971
»Tatort«, »Dr. Adams«, »Der Angestellte«, »Eisberg«, »Man lernt nie aus«, Millowitsch, »Im Reservat«, »Härte 10« und »Entmündigt« in Südafrika. Aufzucht einer Dogge, Studio in Torre gekauft, Haus bezogen, Ehe kaputt, Entfernung der Gallenblase.

Ab 1975
Molière, »Alkoholiker«, »Baby Hamilton«. Kishon, Flucht in die Karibik, Scheidung am 31. 10., 10.15 Uhr.

1976

22. 5. Ich werde Opa, »Westwind« und »Zylinderhut« (Superflops), ab 13. 9. Nichtraucher, Anwalt-Serie, 27. 10., 3.55 Uhr Florian.

1977

27. 1. Kater Atze tot, »Meine dicke Freundin«, 9. März erste Augenoperation, »Der Preis«, 12. Juli zweite Augenoperation, August: London, Durbridge, Wohnung in Unterhaching, 9. 9. unsere Rieke stirbt (fast eine Versöhnung mit M.), Oktober »Schachmann«, 30. November, Annette in West-Berlin, Jahreswechsel in Kitzbühl.

1978

17. April Haus verkauft, 1. Juni Einzug Ahrensburg, »Die Stühle«, »Tucholski«, »Sturz«, »Bollerup«, 18. Oktober: Dritte Augenoperation (statt Thailand).

1979

»Tatort«, 23. Februar: Vierte Augenoperation, »Barfuß im Park«, »Pension Schöller«, August: Columbien, »Unruhiger Sommer«, Oktober: 1. Teil »Exil« in Bordeaux, Dezember: Tunesien.

1980

Verkauf der Münchener Wohnung, 2. Teil »Exil«, 2. Februar: Tod meines Schwiegervaters, mit Erlers »Guru« in den USA, März: »Drehbuch«, 3. Hütte auf Ibiza gekauft, drei Monate lang »Brandmeister«, Oktober: »Der König und sein Narr«, Dez. »Traumschiff« Miami, Bahamas usf., Weihnachten Ibiza.

1981
Kauf der grünen Ente, »Der Spot«, »Wohl bekomms«, Kauf der ETW Bahnhofstraße, mit Romy Schneider in Berlin, Sept./Okt. »Geschwister Oppermann«, Patenschaft für Euzo (Brasilien).

1982
April/Juni »Hellseher«, 29. Mai Romy stirbt, 22. 6. Testament gemacht, 12.–17. 9. Prof. Block, Lenggries, 2 Zusammenbrüche, Abbruch der Tournee, »Thriller«, Jahreswechsel im Plaza.

Am Schluß dieses provisorischen »Fahrplans« skizzierte Wolfgang Kieling noch einige Ereignisse für den 2. Teil, den er alsbald in Angriff nehmen wollte:

Wir sitzen vor dem Monitor und sehen uns die letzten Aufzeichnungen noch einmal an. Kishon ist zufrieden. Er trägt immer eines seiner Bücher bei sich und schreibt mir eine Widmung hinein: »In großer Freundschaft, Ephraim«. Die Schrift kommt mir seltsam gezirkelt vor. Das winzige r sieht aus wie ein Schleifchen am Hals des F, und das u hat ein

Pünktchen über sich. Man kann das Wort Freundschaft also auch als Feindschaft lesen. Kishon grinst…

*

Da ist ein Brief von einer Frau Brigitte, die mich auf Norderney kennen- und liebengelernt haben will. Wir hätten uns unterhalten, miteinander getanzt, getrunken und überhaupt fabelhafte Themen gefunden. Sie habe weder meine Telefonnummer noch meine Adresse, um die Verbindung aufzunehmen, und ich hätte nur einmal angerufen. Tut mir leid, Frau Brigitte, ich bin nie in meinem Leben auf Norderney gewesen…

Wir feiern den 85. Geburtstag von Lina Carstens. Sie bewegt sich nach zwei Hüftgelenkoperationen wie ein junges Mädchen, plant eine Reise ins Himalaja-Gebiet und eine Theatertournee. Einige Zeit später möchte ich sie für eine Produktion haben, erreiche sie jedoch nicht in ihrem Haus in Baltham. Ihre Haushälterin sagt, sie sei nach Baden-Baden gegangen. Ich rufe sie dort an, spreche von der Story und von meinem Anliegen.

Nach kurzer Pause sagt sie: »Schön, daß du an mich denkst, aber es ist zu spät. Ich sterbe gerade.«

Zwei Tage später ist sie tot…

*

Eine Frau schreibt mir unablässig. In ihren Briefen nennt sie mich: »Mein Baum!« Eine andere Schreiberin bittet um ein Autogramm und legt Fotos eines intakten Familienlebens bei – Bungalow, Planschbecken, zwei Kinder. Was so harmlos beginnt, weitet sich zur Katastrophe aus: Sie macht mich in ihrer Phantasie zum Ersatzpartner, verliert jeden Sinn für Realität, duzt mich, fordert mich auf, mich zu ihr zu bekennen, denn sie könne unser großes Geheimnis vor ihrer Familie nicht länger verbergen. In seiner Not wendet sich ihr Mann an mich. Aber wie soll ich ihm helfen bei dieser unglückseligen Entwicklung?

Oder was soll ich tun gegen jene Dauertelefoniererin, der keine meiner Geheimnummern verborgen bleibt, und gegen deren Anrufe ich mich mit der Polizei wehren muß?

Schon Anfang der siebziger Jahre wird bei einer Routineuntersuchung festgestellt, was mir eines Tages blühen wird: Grauer Star.

Anfang 1977 ist es dann soweit. Ich kann kaum noch etwas sehen. Eine Operation ist unumgänglich. Man rät mir zur Universitätsklinik im Altonaer Krankenhaus. Der Chef, Professor Sauter, gilt als As der Asse und behält mich gleich dort.

Zunächst werden die Augenbrauen wegrasiert und die Wimpern abgeschnitten. Unmittelbar nach der Implantation einer neuen Linse muß ich mich über Stunden wie ein asthmatischer Maikäfer ins Leben zurückpumpen. Sauter weist darauf hin, daß in spätestens fünf Jahren auch bei dem anderen Auge etwas getan werden muß.

Es dauert keine fünf Monate! Das nicht operierte Auge ist überbelastet. Eine zweite Implantation findet statt. Als die Augenbinde abgenommen wird, kann ich gestochen scharf sehen, wie nie zuvor in meinem Leben. Ich bekomme strenge Verhaltensregeln mit auf den Weg: Nicht bücken, keine Anstrengung, nichts Schweres tragen und so fort. Alarmzeichen: Blitze in den Augen, Trübung des Augenmittelpunktes.

Genau das tritt ein, als ich auf den Abflug nach Thailand warte. Netzhautablösung. Sofortige Operation.

Vier Monate später, unmittelbar vor Beginn einer Produktion, die zweite Netzhautablösung im Anfangsstadium. Neue Operation. Für den skalpellführenden Operateur ist es die letzte Amtshandlung. Bei Glatteis wickelt er sich mit seinem Wagen um einen Lichtmast.

Nach jeder dieser Operationen bin ich für zwei oder drei Monate Frührentner. Ich sehe aus wie ein Bluthund, weil direkt in den Augapfel injiziert wird.

Vor etwa anderthalb Jahren wird mir eröffnet, daß eine fünfte Augenoperation unausbleiblich sei. Wie soll ich darauf reagieren? Aufgeben? Ich habe mir einen offenen Sportwagen gekauft, Spitze 180 Stundenkilometer. Meiner Ansicht nach die einzige

Art, der fünften Operation entgegenzusehen. Früher »verfügte« ich über einen abendfüllenden Basedow, von Fritz Kortner seinerzeit liebevoll »übertriebene Augen« genannt. Und da bei jeder Operation ein bißchen vom Rand weggenommen werden muß, bin ich guter Dinge, nach der fünften Operation nur noch Chinesen spielen zu können...

Wolfgang Kieling konnte seine Erinnerungen nicht mehr beenden. Er starb Anfang Oktober 1985 in einem Hamburger Krankenhaus. Er sagte noch: »Ich habe viermal mein Leben geändert und immer wieder von vorn angefangen. Veränderungen gehören zum Leben: Wenn ich mit dreißig gewußt hätte, wie ich mit sechzig leben würde, oder wenn ich gewußt hätte, daß es mit sechzig noch immer so wäre, wie es mit dreißig war – das hätte ich nicht ertragen können. Jetzt ist alles vorbei...«

NACHWORT
von
Rolf von Sydow

Es gab nicht viele Menschen, denen Wolfgang von diesem Buch erzählt hatte, das er (nun) nicht mehr vollenden sollte. Wenn er auch mich ins Vertrauen zog, so lag das sicher nicht daran, daß wir besonders eng befreundet gewesen wären... es gab Menschen, die ihm viel näher standen... sondern, daß auch ich ein Buch meines Lebens (über mein Leben) geschrieben hatte.

Ein Buch, das ihn sehr betroffen machte, weil es – wie er mir sagte –, bei aller Verschiedenheit unserer Schicksale, voller verblüffender und auch bestürzender Übereinstimmungen war.

Übereinstimmungen, die nicht nur mit den Erfahrungen derselben Generation zu erklären waren.

Ich erinnere mich noch genau an seinen aufgeregten Anruf und an die zärtliche Genugtuung, die ich bei seinem Urteil empfand.

Ich kenne – bisher – keine Zeile von Wolfgangs Buch. Aber ich weiß, daß es versuchen wird, bis an die Grenzen selbstkritischer Wahrheit vorzustoßen. Einer Wahrheit, die man gemeinhin nicht zu schreiben wagt, weil sie das Bild verletzen könnte, das man sich und den anderen ein Leben lang gemalt hat.

Doch nur dann hat ein solches Buch einen Sinn; nur dann kann es anderen helfen; sie trösten in ihren Irrtümern; sie freisprechen von vermeintlicher Schuld; die Selbstgefälligen verwirren oder sogar heilsam erschrecken.

So ähnlich haben wir damals am Telefon gesprochen. Und auch später noch einige Male während der gemeinsamen Arbeit, die seine letzte werden sollte.

Es ist ein »Schauspieler-Special«, vier kleine »maßgeschneiderte« Geschichten fürs Fernsehen. Ein Dorf in der Provence; der Bouleplatz vor der Kirche.

Der Mistral hat den Himmel blaugefegt.

Licht und Schatten stoßen aneinander, daß die Augen schmerzen.

Die Platanen sind bis auf den Stamm zurückgeschnitten. Sie haben noch keine Blätter und sehen wie verkrüppelte Riesen aus.

Ich warte darauf, daß die nächste Szene (in der Kirche) eingeleuchtet ist.

Eine Hand legt sich mir auf die Schulter.

Es ist Wolfgang:

Kann ich dir mal die Predigt vorspielen, wie ich sie mir gedacht habe?

Aber ja, natürlich…

Und er spielt mir die Szene vor, verhalten, fast schamhaft. Jedoch mit allen Nuancen, die er sich ausgedacht hat. Er spricht so leise, daß keiner der Passanten etwas merkt.

Die Boulekugeln klicken aneinander. Ich bleibe stehen, drehe mich zu ihm herum, höre gebannt zu, bin voller Bewunderung über seine Genauigkeit und Phantasie... Er bricht ab:

Ist was?

Nein, wieso?

Du hast mich so angeguckt?

Ich war fasziniert...

Ach, hör auf...

Nein, wirklich...

Er scheint glücklich, hakt sich bei mir unter, und wir gehen zum Drehort zurück.

Ich schicke alle hinaus, die nicht unbedingt notwendig sind.

Ich kenne seine Heikelkeit.

Er muß einen betrunkenen Pfarrer spielen.

Es ist eine Gratwanderung zwischen Wirkung und Geschmack.

Wir drehen die Szene.

Selbst die französischen Beleuchter, die kaum ein Wort verstehen, starren gebannt auf diesen Mann in der Kanzel.

Er hört erschöpft und glücklich auf, sucht mich. Ich merke, wie es mir heiß in die Augen steigt. Bevor ich etwas sagen kann, applaudiert der französische Stab.

Ich brauche dir wohl nichts zu sagen?

Wieso?

Na, du hast es doch selbst gehört!

Aber, die haben doch gar nichts verstanden...

Eben... ich finde, mehr kann man nicht erreichen...

Wenn du meinst...

Ja, das meine ich...

Und dann drehen wir dasselbe noch einmal »größer« und aus einer anderen Perspektive. Und er spielt es genauso. Jede Bewegung stimmt. Es wird keine Schwierigkeiten beim Schnitt geben. Aber er hat seinen Ausdruck so zurückgenommen, daß er die Großaufnahme nicht erschlägt.

Ich gehe zu ihm und sage:

Du bist der Größte...

Er grinst:

Ja, manchmal glaube ich wirklich, daß ich ganz gut bin...

Ich habe ihn sehr geliebt in diesem Augenblick...

Wolfgang war, so widersprüchlich das auch klingen mag, bei all seiner Darstellungskunst ein schüchterner Mensch, der sich nur selten privat produzierte, wie das viele Schauspieler gerne tun. Es mußte schon viel an schützender Behaglichkeit zusammenkommen, wollte man ihn als den mitreißenden Unterhalter erleben, der er sein konnte.

Ich erinnere mich an einen Abend in Berlin. Es ist direkt nach Drehschluß. Er hat mir dieses Lokal vorgeschlagen, das ich nicht kenne, mit dessen Besitzer ihn jedoch eine Freundschaft verbindet, die noch aus seiner »Flucht« in den Osten stammt. Ich kann nichts zu ihrem »Weißt du noch« sagen. Aber ich sehe sie alle vor mir, die er damals voll Hoffnung aufgesucht und die ihn dann enttäuscht hatten. Sie alle entstehen vor mir mit ihren gestanzten Verlautbarungen, ihren selbstbetrügerischen Ausflüchten, ihrer vorgetäuschten Wichtigkeit und ihrer rührenden Unsicherheit. Er parodiert sie nicht, er versucht nicht einmal sie zu kopieren. Und trotzdem höre ich sie, sehe sie vor mir und glaube, sie schon jahrelang zu kennen. Damals wurde mir zum erstenmal klar, wie genau er nicht nur einen Dialog beobachten konnte, sondern auch Besonderheiten der Atmosphäre, der Kleidung, der Haltung.

Ich fühlte mich ihm an diesem Abend besonders nah. Aber trotzdem war immer ein Rest von Geheimnis um ihn, eine auch körperliche Scheu, Menschen zu dicht an sich herankommen zu lassen. Mag sein, daß es Angst vor Verletzungen war?

Vielleicht hat dieses Buch darüber Auskünfte erteilt? Er spielte all seine Rollen – und es gab kaum einen Schauspieler, der so viel gearbeitet hat wie er – mit einem Minimum an Masken- und Verkleidungskunst, aber mit entlarvend beobachteten Eigenheiten, die jedoch nie denunzierten, sondern unter Lachen betroffen machten. Selbst schwache Texte wurden von ihm so mit phantasievoller Glaubwürdigkeit gefüllt, daß sie zu leben begannen.

Er war bestimmt in seinen Ansprüchen an Regisseure und Kollegen und stets bis ins Letzte vorbereitet, aber nie von dem verbissenen Diskussionseifer, den viele für die Voraussetzung wahrer Kunst halten. Er brauchte keine Interpretation seiner Auffassung mitzuliefern. Sie stellte sich durch seine Kunstfertigkeit von selber ein.

Wir haben leicht und frei miteinander gearbeitet, waren nicht der Meinung, daß ein Ergebnis nur dann gültig sein kann, wenn es unter Kämpfen geboren wird. Wir haben einander vertraut.

Er hat mehr geliebt in seinem Leben als die meisten anderen.

Er hat auch mehr gelitten.

Er hatte selten Zeit und Lust, sich auszuruhen. Vielleicht hatte er Angst davor?

Seine Neugierde an Menschen und Dingen war nicht nur spekulative Forderung seines Berufs, sondern unablässige Anstrengung, diese Welt besser verstehen zu lernen, hinter ihre Geheimnisse zu kommen. Er war immer auf der Suche und voller – häufig – widersprüchlicher Entscheidungen. Und er haßte Verstellung und Bestechlichkeit. Im Beruf wie im Leben.

Er war ein großer Schauspieler.

Er war ein großer Mensch.

Eine Biographie in Bildern
1972 – 1985

1972

Sein Privatleben brachte ihm bis Ende 1971 zeitweise mehr Publizität und Aufregung als seine künstlerische Arbeit. Vier Ehen, die Scheidungen, Krankheiten, Ortswechsel von West nach Ost und wieder zurück. Nun aber wurde Wolfgang Kieling beliebt, denn das Fernsehen bot ihm eine breite Palette all jener Rollen, die er beim Kinofilm nicht fand. Er war ausgebucht. Regisseure schätzten seine darstellerische Vielfalt, Produzenten seine preußische Pflichtauffassung bei der Arbeit im Atelier.

In der Zoo-Satire DAS LETZTE PARADIES, (38).

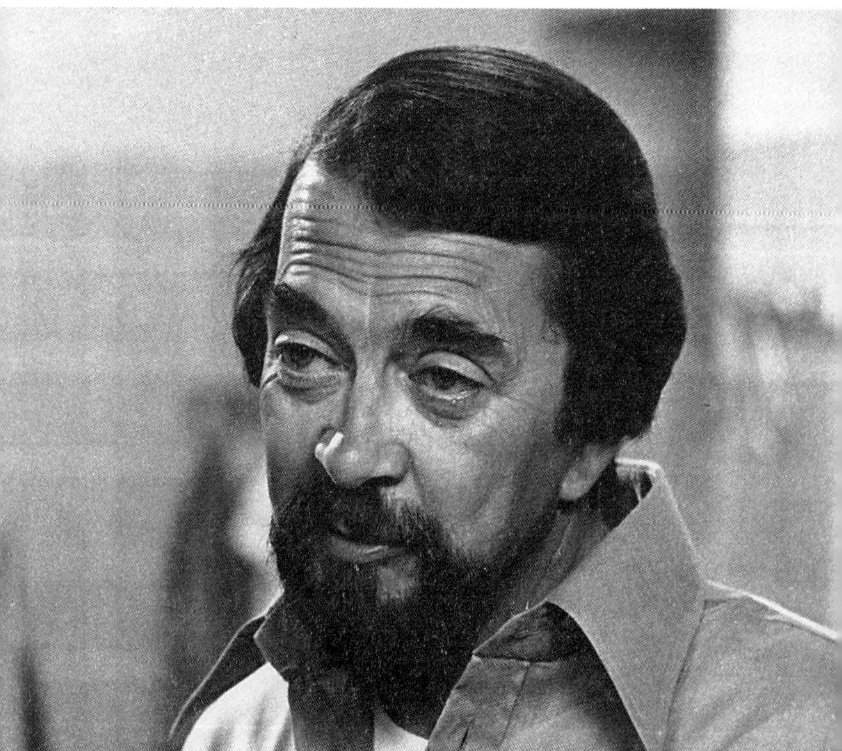

Als Polarforscher Hall im Dokumentarspiel DER EISBERG DER VORSEHUNG. (oben, 39).

Mit Margot Hielscher beim Synchronisieren der Serie ZWISCHEN DEN FLÜGEN. (unten, 40).

1973

Er hielt Distanz zur Öffentlichkeit. »Ich lebe zurückgezogen«, sagte er, »aber ich bin deshalb nicht menschenscheu.« Rastlos war er, und er litt unter Zeitmangel in den Produktionspausen zwischen seinen TV-Filmen. Er bezog ein neues Haus, reiste nach Spanien, um ein Grundstück und ein Studio zu kaufen, zog eine Dogge groß, drehte in deutsch/spanischer Co-Produktion den Kinofilm EL MUERTO HACE LAS MALETAS. Und zwischendurch mußte er sich die Gallenblase entfernen lassen.

Mit seiner vierten Frau Monika Gabriel, (41).

Als kafka-gemäßer Vollstrecker macht er (mit Horst Bollman, r.) den Gefangenen (Wolf Roth) mit einer Tat bekannt, die der nicht begangen hat – EINLADUNG ZUR ENTHAUPTUNG, (42).

Mit Ernst Jacobi im kritischen Stück DER ANGESTELLTE, (43).

In den langen Drehpausen Porträts für Studiofotografen, (44).

1974

Seine Verträge griffen so gut wie nahtlos ineinander über. Vor allen Dingen interessierten ihn Rollen in jenen Produktionen, bei denen im Ausland gedreht wurde, wie die fünfteilige Diamantenschmuggler-Serie HÄRTE 10 und der TV-Film ENTMÜNDIGT, die in Südafrika entstanden. Er übernahm eine Rolle in der Derrick-Episode WALDWEG, wurde Mitglied der Deutschen Akademie der Darstellenden Künste, erhielt deren Fernsehpreis und außerdem den Adolf-Grimme-Preis in Gold.

Links: Als Mercadet in DER MACHER ODER WARTEN AUF GODEAU, (45).
Rechts: Zwielichtig in DIE VILLA DER MADAME VIDAC, (46).

Herbert Tiede als Mercadets Geldgeber in der aktualisierten Balzac-Komödie DER MACHER ODER WARTEN AUF GODEAU, (47).

1975

Mit dem Regisseur ten Haff stellte er einen exquisiten MOLIERE auf die Beine, erlitt zwischen zwei Produktionen einen Nervenzusammenbruch und stürzte sich mit ungebremster Energie in neue Arbeit.
In der Serie ZWISCHENSTATIONEN spielte er mit Ursula Herking die Episode SAG MIR, WENN ICH STERBEN MUSS. Dann wurde zur Gewißheit, daß es seit einiger Zeit in seiner Ehe kriselte: Am 31. Oktober wurde die Scheidung zwischen ihm und Monika Gabriel ausgesprochen. Doch sie trennten sich nicht endgültig voneinander.

Mit Cordula Trantow als Streß-Alkoholiker in der Halbdokumentation ES FÄNGT GANZ HARMLOS AN, (48).

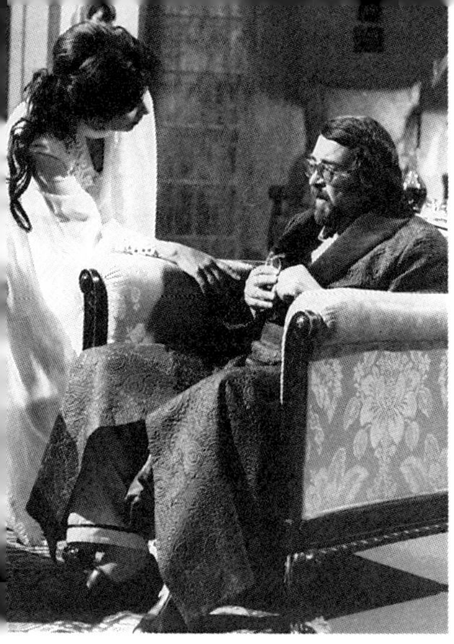

ch um ein Findelkind und den
cret benannten Vater in BABY
ILTON. Mit Xenia Pörtner, (49)

In Moliéres berühmter Komödie DER HYPOCHONDER mit Romuald Pegny als Dr. Diaforius, (50).

Unzählige Kinderfilme wie SESAMSTRASSE, hat er fleißig synchronisiert, (51).
Alle Kinder liebten seine unverwechselbare Bert-Stimme, (52).

1976

Familiär gesehen ein wichtiges Jahr. Er wurde Großvater. Am 27. November, morgens 3.55 Uhr, bekam seine Tochter Susanne Uhlen ihren Sohn Florian. Kurz vorher ein Zeichen von Charakterstärke: In Feldafing bei München gewöhnte er sich das Rauchen ab. Von Heinz Bennent übernahm er die Titelrolle des Dr. Colmar in der Serie DER ANWALT, von der er 26 Folgen drehte. Seine Partnerin: Thekla Carola Wied. Dann erste, sehr späte Augenoperation. Grauer Star. Er wollte die Dreharbeiten nicht gefährden.

Mit Krystian Martinek und Manfred Seipold in BEI WESTWIND HÖRT MAN KEINEN SCHUSS, (53).

»Ein Super-Flop«, sagte er über die Insel-Ballade BEI WESTWIND HÖRT MAN KEINEN SCHUSS, in der auch Siegfried Wischnewski mitwirkte, (54). DER HYPOCHONDER, ursprünglich »Der eingebildete Kranke«, lief im gleichen Jahr über den Bildschirm, (55).

1977

Mit der Münchner Schauspielbühne ging er auf Tournee als Geldbriefträger Fuchs im Simmel-Stück DER SCHULFREUND: »Man verdient viel Geld – der Hauptgrund, warum ich diese Rolle angenommen habe.« Eigentlich lehnte er die Bühne ab: »Ich begreife nicht, was am Theater geschieht. Welchen Grund gibt es, großen Geistern wie Shakespeare oder Goethe in so flegelhafter Weise nachzuhelfen, wie das Dramaturgen und Regisseure heutzutage tun?« Mitte Juli unterzog er sich einer zweiten Augenoperation.

Mit Claudia Wedekind in DER MANN MIT DEM ZYLINDER, (56).

Penner in FRIEDRICH SCHACHMANN WIRD VERWALTET. Bei der Wirtin Toni (Lina Carstens) findet der Gestrauchelte Rat und Hilfe (oben). Lange Zeit war er auf Bartrollen festgelegt, wie in DER SÜNDENBOCK (links). Mit Werner Hinz in DER PREIS (unten, 57, 58, 59).

1978

Erinnerungsträchtige Merkmale für seine Freunde: Er zog oft um – diesmal nach Ahrensburg –, und sie sahen ihn öfter auf dem Bildschirm als in natura. Angebote flatterten dem disziplinierten Schauspieler zentnerweise ins Haus. Er akzeptierte so gut wie jede Rolle: »Wenn ich jedesmal pingelig auf den literarischen Wert eines Drehbuches geachtet hätte, wäre ich nie nach Bangkok, Hongkong oder Tokio gekommen.« Nachdem er DIE STÜHLE DES HERRN SZMIL (»13 Stühle«) abgedreht hatte, mußte er zum drittenmal an den Augen operiert werden.

Mit Johanna Liebeneiner in MEINE DICKE FREUNDIN, (60).

Mit Thekla Carola Wied
in der Fernsehserie
DER ANWALT, (61).

Mehrfach wiederholt wurde ein Glanzstück seiner Verwandlungskunst, für das er 1974 den Adolf-Grimme-Preis erhielt: IM RESERVAT –

– er war der alternde Transvestit und Johanna Hofer seine einsame Zimmerwirtin, (62, 63).

1979

Anfang des Jahres mußte er zur vierten Augenoperation ins Krankenhaus. Diese Eingriffe brachten seinen Terminplan auf störende Weise durcheinander. Er hetzte in die Synchronateliers – er war ja die deutsche Stimme von Kirk Douglas, Paul Newman, Frank Sinatra und Glenn Ford –, in die Hamburger, Berliner und Münchener Studios, zu Außenaufnahmen nach Kolumbien und dann nach Bordeaux, wo die erste Klappe fiel für die siebenteilige Serie EXIL. Im Dezember schaltete er ab und erholte sich ein paar Tage in Tunesien.

Mit Hannes Messemer in einer heiteren Spessartreise von Kurt Tucholsky IN DES WALDES TIEFSTEN GRÜNDEN, (64).

Mit Mariette Schupp in einer Episode der Serie GESCHICHTEN AUS DER ZUKUNFT, (65).

Alf Brustellin drehte mit ihm DER STURZ. Partner: Hannelore Elsner und Franz Buchrieser, (66).

1980

Er kümmerte sich um seine Immobilien: Verkauf seiner Münchener Wohnung und Erwerb einer dritten »Hütte« auf Ibiza. Er reiste mit Regisseur Rainer Erler in die USA – ein Fernsehspiel mit dem Titel GURU stand zur Debatte –, drehte 10 Folgen der ZDF-Serie KREISBRANDMEISTER FELIX MARTIN, in der auch Monika Gabriel mitspielte, und brachte einige Wochen mit Wolfgang Rademanns TRAUMSCHIFF in Miami und auf den Bahamas zu. Zwischendurch stand er mit dem Anouilh-Stoff DAS DREHBUCH vor der Kamera.

Mit Regisseur Liebeneiner Probe für DAS DREHBUCH, (67).

Als Victor Velasco in der Komödie BARFUSS IM PARK (links, 68).

Mit Brigitte Mira und Harald Juhnke in PENSION SCHÖLLER (Mitte, 69).

Mit Gisela Schneeberger und Dieter Trainer: EIN UNRUHIGER SOMMER (unten, 70).

1981

»Kieling ist sensationell zwielichtig«, hatte Gruselmeister Alfred Hitchcock einst gesagt. Tatsächlich, er bekam alle Rollen, die finster, böse, diabolisch, hinterhältig und arglistig angelegt waren. Liebhaber, galante Verführer, bot man ihm gar nicht erst an. Aber: Er konnte unglaublich komisch sein in den wenigen Komödien, in denen er mitwirkte. Einmal stellte er fest: »Auf große, ernste Rollen werde ich vom Publikum kaum angesprochen, dagegen auf jedes gefällige Unterhaltungsstück.«

Mit Monika Gabriel auf dem 32. Hamburger Presseball, (71).

Zuerst Karriere als Jacob von Gundling in DER KÖNIG UND SEIN NARR mit Götz George als Friedrich Wilhelm I., (rechts), dann gedemütigt und zum Gespött des Hofes geworden (Mitte). Mit Harald Juhnke (Otto-Heinrich von Sawatzki) in der ZDF-Serie PREUSSENKORSO (unten, 72, 73, 74).

1982

Als Postbote war er DER HELLSEHER in der Serie nach einem Roman von Henry Jaeger. Während dieser Dreharbeiten starb in Paris Romy Schneider, mit der ihn eine lange Freundschaft verband. Ihr Tod deprimierte ihn tief. Auch gesundheitlich war er nicht auf der Höhe. Er machte sein Testament, unterzog sich einer Frischzellenkur und brach zweimal zusammen. Und nun begann er, seine Lebensgeschichte aufzuarbeiten: »Ich will keine Memoiren schreiben, wie so viele meiner Kollegen – nur die unordentlichen Jahre ordnen.«

Im Geheimdienstmilieu angesiedelt: SATAN IST AUF GOTTES SEITE, mit Herbert Staß (l.) und Hans Christian Blech, (75).

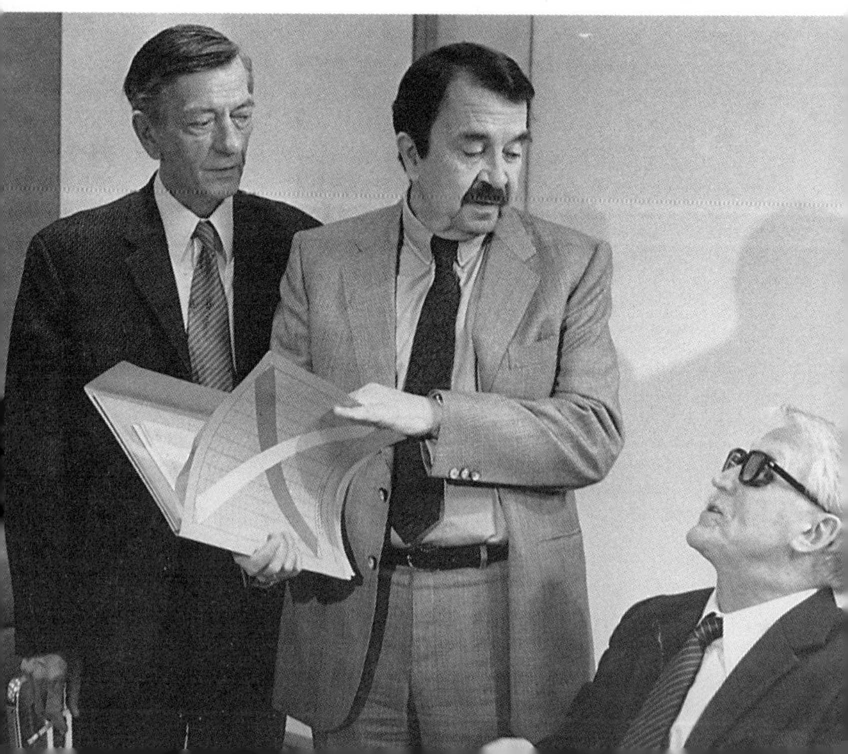

Den Leidensweg einer jüdischen Familie nach 1933 zeichnete er behutsam, eindringlich und glaubhaft als Martin, Oberhaupt seiner Sippe: DIE GESCHWISTER OPPERMANN. Gleichzeitig in dreizehn europäischen und außereuropäischen Ländern wurde diese Trebitsch-ZDF-Produktion zum 50. Jahrestag von Hitlers Machtergreifung gesendet. Regie führte Egon Monk. (76, 77, 78)

1983

In internationaler Co-Produktion nach einem Roman von Graham Greene mimt er die schillernde Gestalt des Diamantenschmugglers Yusef: DAS HERZ ALLER DINGE, eine Rolle, die kaum in Erinnerung geblieben ist. Er nahm ja auch viele kleine Geschäfte mit in Serien wie DERRICK, TATORT, SONDERDEZERNAT K1, TRAUMSCHIFF, SCHWARZWALDKLINIK oder PATRICK PACKARD. Neben seinen großen Rollen war das für ihn eher eine Art Freizeitbeschäftigung. Hobbys hatte er nicht, abgesehen davon, daß er gern Häuschen und Wohnungen kaufte.

Nach den Dreharbeiten von DER TRAUSCHEIN mit Maria Schell, Autor und Regisseur Ephraim Kishon, Simone Rethel und Herbert Herrmann (unten, 79).

Drehpause während einer TRAUMSCHIFF-Reise: In einer Indio-Hütte im Dschungel vom Amazonas mit Tochter Susanne Uhlen und Enkel Florian (rechts, 80).

1984

60 Jahre alt wurde er am 16. März. Viermal verheiratet, viermal geschieden, zwei Töchter, zwei uneheliche Söhne, von denen der eine, Florian, kaum glaubliche Ähnlichkeit mit ihm hat. Er drehte den Thriller ABWÄRTS, den Film MORGEN IN ALABAMA und mit Inge Meisel DAS GESCHENK. Über seinen schlechten Gesundheitszustand täuschte er seinen Bekanntenkreis hinweg.
Die Geburtstagsfeier im Filmstudio Hamburg stand er mit bewunderungswürdiger Selbstdisziplin durch. Kaum einer der Gratulanten ahnte, wie krank er wirklich war

Mit Götz George und Renee Sautendijk in ABWÄRTS, (81).

Mit Lebensgefährtin Monika Gabriel auf dem Studiogelände von Hamburg-Wandsbek.

Inge Meisel war eine seiner Tischdamen bei der Feier zum 60. Geburtstag im Studio Hamburg, (82, 83).

Drei von den wenigen Fotos aus der Privatsphäre: Einen Monat nach seinem Sechzigsten schien ihm der Weg in die Studios zu beschwerlich. Er beschloß, die gemütliche Ahrensburger Wohnung zu verlassen und nach Hamburg umzuziehen. Seine Bücher, zum Teil seltene, wertvolle Ausgaben, packte er selbst ein, (84, 85, 86).

1985

Er drehte noch die köstliche Charakterstudie DER SCHIEDSRICHTER und ein WOLFGANG-KIELING-SPECIAL, in dem er sechs verschiedene Rollen verkörperte. Anfang Juni kam er ins Krankenhaus. Mit zwei Operationen wurde sein Magen entfernt. Er lag auf der Intensivstation, wußte, wie es um ihn stand, und er machte sich keine Illusionen: »Jetzt ist alles vorbei. Das Essen schmeckt nicht mehr, Reisen geht nicht mehr, ob ich je wieder spielen kann, weiß ich auch nicht – was soll das alles noch ...«

STADTTHEATER mit Ute Christensen, Volker Brandt und Hans-Jürgen Schatz (v. l. n. r., (87).

Als Landarzt Dr. Marker mit Professor Brinkmann, Klausjürgen Wussow, in der 4. Folge der SCHWARZWALDKLINIK, (88).

Aus dem KIELING-SPECIAL in der Abbé-Episode IN AMT UND WÜRDEN mit Herbert Staß (m.) und Walter Buschhoff, (89).

Am 7. Oktober 1985 starb er im Alter von 61 Jahren. 10 Tage später wurde er auf dem Olsdorfer Friedhof in Hamburg beigesetzt. Seinem hellen Sarg folgten in erster Reihe Herbert Herrmann mit Lebensgefährtin Susanne Uhlen, Gisela Uhlen und ihre älteste Tochter Barbara. Unten Mitte, mit Sonnenbrille, Monika Gabriel, die bis zuletzt bei ihm gewesen ist, (90, 91, 92).

FILMOGRAPHIE

Wolfgang Kielings Filmauftritte

Maria, die Magd Deutschland 1936

Buch: Veit Harlan, Axel Eggebrecht. Regie: Veit Harlan
Hilde Körber (Maria), Hilde Hildebrand (Alice), Alfred Abel (Dr. Winter), Hans Schlenck (Franz), Herbert Paulmüller (Vater von Franz), Ernst Legal (Klimank), Helmut Brasch (Johann), Will Dohm (Albert), WOLFGANG KIELING (Christoph).

Die Kreutzersonate Deutschland 1936/37

Buch: Eva Leidmann. Regie: Veit Harlan
Lil Dagover (Jelaina Posdnyschew), Peter Petersen (Andrej Posdnyschew), Albrecht Schoenhals (Gregor Tuchatschewsky), Hilde Körber (Gruschenka), Walter Werner (Dr. Raskin), WOLFGANG KIELING (Wassja).

Heimweh Deutschland 1937

Buch: Georg C. Klaren. Regie: Jürgen von Alten
Gustav Knuth (Christof Peleikis), Carsta Löck (Marie, seine Frau), Botho Kaatz (Pit, sein Sohn), Walter Franck (Heinrich Hann), Hilde Seipp (Evelyn), Paul Westermeier (Kapitän Holm), WOLFGANG KIELING (Robby).

Frauen für Golden Hill Deutschland 1938

Buch: Hans Bertram und Wolf Neumeister. Regie: Erich Waschneck
Kirsten Heiberg (Violet), Viktor Staal (Douglas), Karl Martell (Stanley), Olaf Bach (Bully), Elfie Meyerhofer (Kitty), Ernst Waldow (Cocky), Grethe Weiser (Mme. Doolittle), Otto Gebühr (Kirkwood), Anna Grandi (Gwendolin), WOLFGANG KIELING (Pat).

Die Reise nach Tilsit Deutschland 1939

Buch und Regie: Veit Harlan
Frits van Dongen (Endrik), Kristina Söderbaum (Elske), Anna Dammann (Madlyn), WOLFGANG KIELING (Kl. Franz), Joachim Pfaff (Kl. Jons), Manny Ziener (Frau Papendieck), Ernst Legal (Herr Wittkuhn).

Seitensprünge Deutschland 1939

Buch: H. W. Becker. Regie: Alfred Stöger
Hans Brausewetter (Mügge), Geraldine Katt (Frau Mügge), Hans Zesch-Ballot (Schmidthenner), Alice Treff (Frau Schmidthenner), Richard Romanowsky (Parussel), Ernst Waldow (Pöppelwiehe), Charlotte Daudert (Lucy), WOLFGANG KIELING (1. Boy).

Herz geht vor Anker Deutschland 1940

Buch: Jakob Geis, Toni Huppertz. Regie: Joe Stökkel
Gustav Fröhlich (Fritz Ullmann), Viktoria v. Ballasko (Hanna Peters), Winnie Markus (Lotte Kamphausen), Gusti Wolf (Maxi Crusius), Lotte Rausch (Stine Lempke), Ludwig Schmidt-Wildy (Ein Fischer), WOLFGANG KIELING (Ein Schiffsjunge).

Falstaff in Wien Deutschland 1940

Buch: Wallner-Feltz. Regie: Leopold Hainisch
Hans Nielsen (Otto Nicolai), Gustav Waldau (Graf Sedlnitzky), Wolf Albach-Retty (Robert von Weitenegg), Aribert Wäscher (Pietro Balocchino), Bruno Hübner (Schlögl), Paul Hörbiger (Josef Sturm), WOLFGANG KIELING (Loisl).

Jenny und der Herr im Frack Deutschland 1941

Buch: Jakob Geis. Regie: Paul Martin
Gusti Huber (Jenny), Johannes Heesters (Peter Holm), Hilde Hildebrand (Lilly Hegedüsch), Paul Kemp (Willy Krag), Oskar Sima (Bischof), Hermann Pfeiffer (Herr Sprüngli) und WOLFGANG KIELING.

Krach im Vorderhaus Deutschland 1941

Buch: Curt Wesse. Regie: Paul Heidemann
Ernst Waldow (Gustav Kluge), Grete Weiser (Paula Kluge), Karl-Heinz Schroth (Dr. Erich Horn), Mady Rahl (Ilse Bock), Rotraut Richter (Edeltraut), Adolf Fischer (Emil), WOLFGANG KIELING (Bürolehrling bei Dr. Horn).

Damals in Paris DDR 1956

Buch: Hermann Rodigast, Carl Ballhaus. Regie: Carl Ballhaus
Gisela Trowe (Geneviève), WOLFGANG KIELING (René), Richard Lauffen (Fadet), Günther Simon (Georges), Hans Stetter (Denis).

Genesung DDR 1956

Buch: Karl-Georg Egel, Paul Wiens. Regie: Konrad Wolf
Karla Runkehl (Irene Schorn), WOLFGANG KIELING (Friedel Walter), Wilhelm Koch-Hooge (Max Kerster), Wolfgang Langhoff (Ernst Mehlin), Eduard von Winterstein (Professor Beheim), Erika Dunkelmann (Oberschwester).

Betrogen bis zum jüngsten Tag DDR 1957

Buch: Kurt Bortfeldt. Regie: Kurt Jung-Alsen
Rudolf Ulrich (Obergefreiter Wagner), WOLFGANG KIELING (Gefreiter Lick), Hans-Joachim Martens (Oberschütze Paulun), Walther Suessenguth (Hauptmann von der Saale), Renate Küster (Angelika).

Der Mann, der nicht nein sagen konnte
(Manden, der ikke ku sige ney)
Dänemark/Schweiz 1958

Buch: Hans Jacoby, Max Colpet. Regie: Kurt Früh
Heinz Rühmann (Thomas Träumer), Hannelore Schroth (Eva Träumer), Siegfried Lowitz (Ulrich), Ursula Heyer (Bettina), Renate Ewert (Marilyn), Helga Münster (Hilde), Franz Otto Krüger (Kommissar Kümmelmann), WOLFGANG KIELING (Untersuchungsrichter).

Arzt ohne Gewissen (Privatklinik Dr. Lund)
BRD 1959

Ewald Balser (Professor Lund), Wolfgang Preiss (Dr. Westorp), Barbara Rütting (Dr. Marianne Cordt), Cornell Borchers (Harriet Owen), WOLFGANG KIELING (Dr. Stein), Erica Beer (Sabine), Karin Baal (Birke Sawatzki), Lina Carstens (Frau Kleinhans).

Agatha, laß das Morden sein BRD 1960

Buch: Franz Geiger, Stefan Gommermann, Dietrich Haugk, Franz Marischka, Eva Anger, Franz M. Schilder, Wolfgang Schnitzler, Hans Schweikart, Gottfried Wegeleben und Hugo Wiener. Regie: Dietrich Haugk
Johanna von Koczian (Agatha Scott), Klausjürgen Wussow (Dr. Peter Brent), Elisabeth Flickenschildt (Sylvia Brent), Peter Vogel (Edgar Karter), Hans Dieter Zeidler (David), WOLFGANG KIELING (Philip), Karl Lieffen (Thomas Lorenzen), Beppo Brem (Landgendarm).

Die Sendung der Lysistrata BRD 1960

Buch und Regie: Fritz Kortner
Barbara Rütting (Lysistrata und Agnes Salbach), Romy Schneider (Myrrhine und Uschi Hellwig), Karin Kernke (Kalonike), Ruth Kubitschek (Lampito), Peter Arens (Kinesias und Hans Flims), Willy Reichert (Ratsherr), WOLFGANG KIELING (Dr. Salbach).

Frau Cheneys Ende
/La mystérieuse Madame Cheney
BRD/Frankreich/Schweiz 1961

Buch: Johanna Sibelius und Eberhard Keindorff. Regie: Franz Josef Wild
Lilli Palmer (Frau Cheney), Carlos Thompson (Artur Dilling), Martin Held (Charles), Françoise Rosay (Frau Ebley), Maria Sebaldt (Helene), WOLFGANG KIELING (Dimanche).

Mein Mann, der Goldesel BRD 1962/63

Buch: Peter Goldbaum, Hans Gruhl. Regie: Peter Goldbaum
Gert Fröbe (Alfred Paulsen), Hilde Krahl (Anneliese Paulsen), Gisela Fritsch (Erika Paulsen), Eike Pulwer (Helen Paulsen), Lola Müthel (Margot Grothum), WOLFGANG KIELING (Schwartzkopf).

Zeit der Schuldlosen BRD 1964

Buch: Thomas Fantl und Siegfried Lenz. Regie: Thomas Fantl
Erik Schumann (Sason), Peter Pasetti (Baron), WOLFGANG KIELING (Ingenieur), Hans Reiser (Arzt), Heinz Leo Fischer (Hotelier), Otto Brüggemann (Bankmann), Walter Wilz (Student), Gustl Datz (Bauer).

Polizeirevier Davidswache BRD 1964

Buch und Regie: Jürgen Roland
WOLFGANG KIELING (Glantz), Hannelore Schroth (Margot), Günther Neutze (Schriever), Günther Ungeheuer (Bruno), Horst Neutze (Lapke), Hanns Lothar (Bellkamp), Ingrid Andree (Ingrid).

Das Haus in der Karpfengasse BRD 1964

Buch: Gerd Angermann. Regie: Kurt Hoffmann
Edith Schultze-Westrum (Die alte Kauders), Frantisek Filipovsky (Der alte Kauders), Ladislav Křiž (Emil Kauders), WOLFGANG KIELING (Karl Marek), Rols Schäfer (Olga Marek), Helmut Schmid (Leutnant Slezak), Walter Traub (Salomon Laufer).

Hotel der toten Gäste BRD 1965

Buch: Hanns-Karl Kubiak, Michael Dreesen. Regie: Eberhard Itzenplitz
Joachim Fuchsberger (Barney Blair), Karin Dor (Gilly Powell), Gisela Uhlen (Ruth Cornell), Frank Latimore (Larry Cornell), Claus Biederstaedt (Morton Marlowe), Hans Nielsen (Forbesa), Renate Ewert (Lucy Balmore), WOLFGANG KIELING (ihr Manager), Elke Sommer als Elke Sommer.

Duell vor Sonnenuntergang

BRD/Jugoslawien/Italien 1965

Buch: Leopold Lahola, Anya Corvin. Regie: Leopold Lahola
Peter van Eyck (Don McGow), Carole Gray (Nancy), WOLFGANG KIELING (Punch), Mario Girotti (Larry McGow), Carl Lange (Pastor), Walter Barnes (Vater McGow).

Scharfe Schüsse auf Jamaika
Der Boß braucht viele Särge

BRD/Italien/Spanien 1966

Buch: Karlheinz Vogelmann. Regie: Richard Jackson
Larry Pennell (Ken Stewart), Brad Harris (Jefferson), Barbara Valentin (Gloria), Margitta Scherr (Jane), Hermann Nehlsen (Arzt), Christine Schubert (Evelyn), Rolf Lüder (Larry Pyat) und WOLFGANG KIELING (Hayes).

Der zerrissene Vorhang (Torn Curtain) USA 1966

Buch: Brian Moore. Regie: Alfred Hitchcock
Paul Newman (Professor Michael Armstrong), Julie Andrews (Sarah Sherman), Lila Kedrova (Gräfin Kuchinska), WOLFGANG KIELING (Hermann Gromek), Tamara Toumanova (Ballerina), Hansjörg Felmy (Heinrich Gerhard), Günther Strack (Professor Karl Manfred).

Der Kongreß amüsiert sich/Le Congrès s'amuse
BRD/Österreich/Frankreich 1966

Buch: Fred Denger, Geza Radvanyi, Aldo von Pinelli. Regie: Geza Radvanyi
Lilli Palmer (Fürstin Metternich), Curd Jürgens (Zar Alexander I.), Paul Meurisse (Prinz Talleyrand), Walter Slezak (Der ewige Wiener), Hannes Messemer (Fürst Metternich), Anita Höfer (Rosa), Brett Halsey (Stefan), WOLFGANG KIELING (Doppelgänger Napoleons).

Die Rache des Dr. Fu Man Chu
BRD/Großbritannien 1967

Buch: Peter Welbeck. Regie: Jeremy Summers
Christopher Lee (Dr. Fu Man Chu), WOLFGANG KIELING (Dr. Lieberson), Douglas Wilmer (Nayland Smith), Peter Carsten (Otto Heller), Noel Trevarthen (Mark Weston).

Pension Clausewitz BRD 1967

Buch: Nuro Brandenburg. Regie: Ralph Habib
WOLFGANG KIELING (Stemmka), Maria Brokkerhoff (Marlies), Friedrich Schoenfelder (Zabel), Herbert Fux (Dr. Schlack), Rolf Eden (Der Lange), Maria Vincent (Monika).

Das Haus der tausend Freuden BRD/Spanien 1967

Buch: Peter Welbeck. Regie: Jeremy Summers
George Nader (Stephen Armstrong), Vincent Price (Felix Manderville), Martha Hyer (Rebecca), Herbert Fux (Abdu), WOLFGANG KIELING (Inspektor Emile).

Die Abenteuer des Kardinal Braun
/Operazione San Pietro
BRD/Italien/Frankreich 1967

Buch: Ennio de Concini, Paul Hengge, Adrian Baracco. Regie: Lucio Fulci
Heinz Rühmann (Kardinal Braun), Jean-Claude Brialy (Cajello), Uta Levka (Samantha), WOLFGANG KIELING (Poulain), Christine Barclay (Marisa), Herbert Fux (Targout), Edward G. Robinson (Joe Ventura).

Geheimnisse in goldenen Nylons
BRD/Frankreich/Italien 1967

Buch: Michel Lewin, Christian Jaque. Regie: Christian Jaque
Peter Lawford (Dain), Ira von Fürstenberg (Suzanne), Georges Geret (Carlos), Maria Bucella (Anna), Werner Peters (Bardieff), Wolfgang Preiss (Noland), Siegfried Wischnewski (Klaus), Eva Pflug (Lili) und als Gast WOLFGANG KIELING (Wolfgang).

Im Banne des Unheimlichen BRD 1967

Buch: Ladislas Fodor. Regie: Alfred Vohrer
Joachim Fuchsberger (Inspektor Higgins), Siv Mattson (Miss Peggy Ward), WOLFGANG KIELING (Sir Cecil Ramsey), Pinkas Braun (Der Fremde), Peter Mosbacher (Ramiro), Hubert von Meyerinck (Sir Arthur).

Tevje und seine sieben Töchter Israel 1968

Regie: Menahem Golan
Mit Shmuel Rodensky, Betty Segal, Ninet Dinar, Avital Paz, Judith Sole, Robert Hoffmann, WOLFGANG KIELING und Peter van Eyck.

Das siebente Jahr DDR 1969

Buch und Regie: Frank Vogel
Jessy Rameik (Dr. Barbara Heim), WOLFGANG KIELING (Günter Heim), Bettina Mächler (Gabi Heim), Ulrich Thein (Dr. Manfred Sommer), Monika Gabriel (Margot Sommer), Alfred Müller (Werner Wilfurth).

Jungfer, sie gefällt mir DDR 1969

Buch: Jürgen Becker, Günter Reisch. Regie: Günter Reisch
WOLFGANG KIELING (Adam), Monika Gabriel (Ev), Jan Spitzer (Ruprecht), Rolf Ludwig (Licht), Horst Schulze (Justizrat Walter), Ingeborg Nass (Seine Frau), Marianne Wünscher (Marthe).

Aus unserer Zeit DDR 1970

2. Episode: Das Duell
Buch: Manfred Freitag, Jochen Nestler, Joachim Kunert. Regie: Joachim Kunert
WOLFGANG KIELING (Bötcher), Otto Mellies (Prof. Winkelried), Günter Junghans (Helwig), Helga Göring (Frau Nohl), Carlo Schmidt (Rotschopf), Günter Drescher (Müller), Peter Sindermann (Liebig).

Goya/Goja DDR/Sowjetunion 1971

Buch: Angel Wagenstein. Regie: Konrad Wolf
Donatas Banionis (Goya), Olivera Katarina (Herzogin Alba), Fred Düren (Esteve), Tatjana Lolowa (Königin Maria Luisa), Rolf Hoppe (Karl IV.), Mieczyslaw Voit (Großinquisitor), Ernst Busch (Jovellanos), Gustaw Holoubek (Bermudez), WOLFGANG KIELING (Godoy), Martin Flörchinger (Otero).

Der Millionenraub/$ USA 1971

Buch und Regie: Richard Brooks
Warren Beatty (Joe Collins), Goldie Hawn (Dawn Divine), Gert Fröbe (Herr Kessel), Robert Webber (Anwalt), Scott Brady (Sarge), Arthur Brauss (Candy Man), Robert Stiles (Major), WOLFGANG KIELING (Granich).

Der Todesrächer von Soho
/El muerto hace las maletas
BRD/Spanien 1971

Buch: Art Bernd, Jess Frank. Regie: Jess Frank (= Jesús Franco Manera)
Horst Tappert (James Barton), Fred Williams (Redford), Barbara Rütting (Celia), WOLFGANG KIELING (Ferencz), Rainer Basedow (McDowell).

Und die Nacht kennt kein Erbarmen
/Listen to My Story Südafrika 1974

Buch und Regie: Jürgen Goslar
Mit Sandra Prinsloo, WOLFGANG KIELING, Richard Loring, Shelagh Holliday, Don Lamprecht, Siegfried Mynhardt, Brian O'Shaughnessy.

Der Sturz BRD 1979

Buch: Alf Brustellin und Bernhard Sinkel. Regie: Alf Brustellin
Franz Buchrieser (Anselm Kristlein), Hannelore Elsner (Alissa), WOLFGANG KIELING (Gabriel), Klaus Pohl (Glatthaar).

Morgen in Alabama BRD 1984

Buch: Norbert Kückelmann, Thomas Petz, Dagmar Kekulé. Regie: Norbert Kückelmann
Maximilian Schell (Landau), Lena Stolze (Jessica), Robert Aldini (Werner Kranz), WOLFGANG KIELING (Watergate), Kathrin Ackermann (Richterin), Dr. Manfred Rendl (Staatsanwalt), Reinhard Hauff (Holm).

Didi und die Rache der Enterbten BRD 1984

Buch: Hartmann Schmige, Christian Rateuke. Regie: Christian Rateuke + Dieter Hallervorden
Dieter Hallervorden (Didi Dödel, Gustav Böllemann, Otto Böllemann, Florentine, Albert Böllemann, Emilio, Titus Böllemann), WOLFGANG KIELING (Notar Prätorius), Gerhard Wollner (Kommissar Becker), Christoph Hofrichter (Langenhagen), Karl Schulz (Alfredo), Manfred Tauchen (Mike).

Abwärts BRD 1984

Buch und Regie: Carl Schenkel
Renée Soutendijk (Marion), Götz George (Jörg), WOLFGANG KIELING (Pit), Hannes Jaenicke (Heinz), Kurt Raab, Claus Wennemann.

Die Fernsehauftritte Wolfgang Kielings

Kopf oder Zahl ARD 1953

Nähere Angaben nicht mehr eruierbar.

Der Parasit ARD 19. 12. 1957

Ein Lustspiel nach Picard von Friedrich Schiller. Fernsehbearbeitung: Artur Müller. Regie: Konrad Wagner
Käthe Gold (Madame Narbonne), Gisela Ziegler (Charlotte), WOLFGANG KIELING (Selicour), Hans Hessling (La Roche), Hintz Fabrizius (Firmin).

Die Sendung der Lysistrata ARD 17. 1. 1961

vgl. Filmverzeichnis

Zuflucht ARD 14. 4. 1961

Fernsehspiel von Tad Mosel. Regie: Gustav Burmester
Hannelore Schroth (Eunice), WOLFGANG KIELING (Howard), Marion Hartmann (Germaine), Stefan Heyne (Roland), Walter Ladengast (Einsiedler Tom), Jürgen Scheller (Ed Ritchie).

Wir waren drei ARD 29. 9. 1961

Fernsehfilm von Jean Sarment. Regie: Rainer Wolffhardt
Gisela Trowe (Charlotte), WOLFGANG KIELING (Bernard), Benno Sterzenbach (Max), Wolfgang Büttner (Der Gemüsehändler), Claudia Gerstäcker (Marie).

Der rote Hahn ARD 29. 3. 1962

Tragikomödie von Gerhart Hauptmann. Regie: John Olden
Rudolf Platte (Fielitz, Schuhmachermeister), Inge Meysel (Frau Fielitz, verw. Wolff), Maria Körber (Leontine), Heinz Reincke (Schmarowski, Bauführer), Kurt Conradi (Langheinrich, Schmiedemeister), WOLFGANG KIELING (Doktor Boxer).

Wallenstein ARD 15. und 22. 4. 1962

Dramatisches Gedicht von Friedrich Schiller in der Bearbeitung von Oliver Storz und Franz Peter Wirth. Regie: Franz Peter Wirth
Wilhelm Borchert (Wallenstein), Ernst Fritz Fürbringer (Octavio), Alexander Golling (Illo), WOLFGANG KIELING (Terzky), Romuald Pekny (Isolani), Karl Michael Vogler (Max), Hans Caninenberg (Questenberg).

Mord im Dom ARD 20. 4. 1962

Schauspiel von T. S. Eliot. Regie: Hans Lietzau
Gerd Brüdern (Thomas Becket, Erzbischof), WOLFGANG KIELING (Erster Versucher), Pinkas Braun, Benno Sterzenbach, Romuald Pekny (Zweiter, Dritter, Vierter Versucher), Hans Reiser, Alexander Golling, Rolf Boysen (Erster, Zweiter, Dritter Ritter).

Zahlungsaufschub ARD 10. 7. 1962

Buch und Regie: Franz Peter Wirth
WOLFGANG KIELING (Mr. Marble), Edith Heerdegen (Annie), Fritz Wepper (John + Jim), Eva Pflug (Mme. Collins), Jaspar von Oertzen (M. Collins), Herbert Tiede (Saunders).

Montserrat ARD 22. 11. 1962

Regie und Bearbeitung des Schauspiels von Emmanuel Roblès: Fritz Umgelter
Robert Graf (Montserrat), WOLFGANG KIELING (Izquierdo), Herbert Weicker (Moralès), Siegurd Fitzek (Zuazola).

Mirandolina ARD 24. 2. 1963

Komödie von Carlo Goldoni. Regie: Dietrich Haugk
Johanna von Koczian (Mirandolina), WOLFGANG KIELING (Cavaliere di Ripafratta), Herbert Bötticher (Marchese di Forlipopoli), Benno Sterzenbach (Conte di Albafiorita), Charles Wirths (Fabrizio, Kellner).

Der Belagerungszustand ARD 7. 3. 1963

Regie und Fernsehbearbeitung des Stücks von Albert Camus: Fritz Umgelter
WOLFGANG KIELING (Die Pest), Hilde Krahl (Sekretärin), Richard Münch (Nada), Hellmut Lange (Diego), Ernst Fritz Fürbringer (Gouverneur).

Dantons Tod ARD 17. 3. 1963

Regie und Fernsehbearbeitung des Stücks von Georg Büchner: Fritz Umgelter
Wolfgang Reichmann (George Danton), Karl Walter Diess (Camille Desmouliens), Ludwig Anschütz (Thomas Payne), Wolfgang Büttner (Robbespierre), WOLFGANG KIELING (St. Just).

Ein ungebetener Gast ARD 9. 5. 1963

Fernsehspiel von Giles Cooper. Regie: Johannes Schaaf
Konrad Georg (Charles), Isolde Bräuner (Jean), WOLFGANG KIELING (Raven).

Hedda Gabler ZDF 30. 10. 1963

Schauspiel von Henrik Ibsen. Regie: Paul Hoffmann
Ruth Leuwerik (Hedda Gabler), WOLFGANG KIELING (Jörgen Tesman), Eva Ingeborg Scholz (Frau Elvsted), Martin Benrath (Ejlert Lövberg), Else Quecke (Julia Tesman).

Die Teufelsspur ARD 13. 2. 1964

Schauspiel von Yves Jamiaque. Regie: Fritz Umgelter
Christine Oesterlein (Mlle. Suisson, Schulvorsteherin), Ulli Philipp (Louisette, ein junges Mädchen), Hans Beuthner (Gravotte, Bürgermeister), Paul Gogel (Marolles, Präsident des Verkehrsvereins), Käthe Lindenberg (Mme. Maille, Ortshebamme), WOLFGANG KIELING (Lahutte, Stadtbibliothekar).

Der Traum des Eroberers ARD 27. 3. 1964

Ballade von Reinhold Schneider. Regie: Fritz Umgelter
Rolf Boysen (Wilhelm), Robert Meyn (Gilbert von Lisieux), Gerhard Just (Baron Robert), WOLFGANG KIELING (Lanfranc), Rolf Becker (Wilhelm der Rote), Werner Meissner (Heinrich), Wolfgang Büttner (Erzbischof Stigand).

König Richard III. ARD 7. und 9. 4. 1964

Trauerspiel von William Shakespeare. Regie: Fritz Umgelter
Carl Wery (König Heinrich VI.), Maria Becker (Königin Margaretha, seine Gemahlin), Nikolaus Haenel (Prinz Eduard, ihr Sohn), Benno Sterzenbach (König Eduard IV.), Gisela Uhlen (Königin Elisabeth, seine Gemahlin), Rolf Boysen (George, Herzog von Clarence), WOLFGANG KIELING (Richard, Herzog von Gloster, später König Richard III.).

Bericht von den Inseln ARD 28. 5. 1964

Fernsehspiel von Markus Schröder. Regie: Kurt Wilhelm
Hartmut Reck (Reporter), Alexander Golling (Don Manuel), WOLFGANG KIELING (Diego), Hannes Messemer (José), Elfriede Kuzmany (Dona Teresa).

Die Physiker ARD 5. 11. 1964

Schauspiel von Friedrich Dürrenmatt. Regie: Fritz Umgelter
Therese Giehse (Frl. Dr. von Zahnd, Ärztin), Gustav Knuth (Herbert Georg Beutler, genannt Newton), Kurt Ehrhardt (Ernst Heinz Ernesti, genannt Einstein), WOLFGANG KIELING (Johann Wilhelm Möbius), Siegfried Lowitz (Kriminalinspektor Richard Voss), Rosemarie Fendel (Frau Missionar Lina Rose).

Das Kriminalmuseum. Der Brief ZDF 23. 2. 1965

Buch: Bruno Hampel, Jgor Sentjure
Erik Ode (Kriminalinspektor Gareis), Wolfgang Völz (Kriminalassistent Möller), WOLFGANG KIELING (Werner Barth), Monika Peitsch (Monika Lenz), Franz Muxeneder (Wachtmeister Stracke).

Der Sündenbock ARD 30. 3. 1965

Buch und Regie: Fritz Umgelter
Therese Giehse (Martha), René Deltgen (Kommissar), WOLFGANG KIELING (Studienrat Karel), Ulli Philipp (Alexandra, seine Tochter), Dagmar Altrichter (Frau Karel), Nora Minor (Frau Witschil).

Exil ARD 10. 10. 1965

Buch: Leo Lehman. Regie: Eberhard Itzenplitz
Hans Nielsen (General), WOLFGANG KIELING (Raneki), Ruth Hausmeister (Mme. Radomka), Alwy Becker (Nicole), Gisela Trowe (Mme. Crosna), Heinz Moog (Professor Kio).

Das Mädchen aus Mira ZDF 6. 1. 1966

Buch: Michael Stewart. Regie: Kurt Wilhelm
Uta Sax (Lili), WOLFGANG KIELING (Paul), Harald Leipnitz (Marco), Ingrid van Bergen (Rosalie).

Geschlossene Gesellschaft ARD 3. 5. 1966

Schauspiel von Jean-Paul Sartre. Fernsehbearbeitung und Regie: Franz Peter Wirth
Gisela Uhlen (Ines), WOLFGANG KIELING (Garcia), Andrea Dahmen (Estelle), Friedrich Maurer (Diener/Kellner).

Das Abgründige in Herrn Gerstenberg ZDF 1. 8. 1966

Buch und Regie: Axel von Ambesser
WOLFGANG KIELING (Gerstenberg), Erland Erlandsen (Der Bessere), Dirk Dautzenberg (Der Schlechtere), Maria Sebaldt (Lotte Bartels), Else Quecke (Mutter Meiners), Gertraud Jesserer (Lieschen Meiners).

Standgericht ARD 13. 10. 1966

Buch: Maria Matray und Answald Krüger. Regie: Rolf Busch
Heinz Giese (Vorsitzender des Schwurgerichts), WOLFGANG KIELING (Staatsanwalt), P. Walter Jacob (Angeklagter Max Hesse), Willy Berling (Angeklagter Walter Lamprecht), Thilo von Berlepsch (Angeklagter Werner).

SOS – Morro Castle ZDF 3. und 4. 11. 1966

Buch: Eugen Brixius und Hans Wiese. Regie: Frank Wisbar
WOLFGANG KIELING (George Rogers), Fritz Suppan (Frank Harper), Antje Roosch (Ester Maria), Peter Lehmbruck (Erster Offizier Richman), Wilhelm Fricke (Zweiter Offizier Ralston), Erich Uhland (Chefsteward Leighton), Harald Eggers (David Lincoln).

Das Kriminalmuseum. Die Kiste ZDF 3. 3. 1967

Buch: Bruno Hampel. Regie: Wolfgang Becker
WOLFGANG KIELING (Hubert Köpke), Hannelore Schroth (Elfriede Köpke), Elke Aberle (Dagmar Köpke), Hannelore Elsner (Uschi Bluhm), Heinz Engelmann (Kriminaloberkommissar Reisert).

Ein Toter braucht kein Alibi ZDF 15. 7. 1967

Buch: Lester Powell. Regie: Karlheinz Bieber
WOLFGANG KIELING (Mark Renfrew), Eva Pflug (Liz Renfrew), Karl Michael Vogler (Steve Craig), Tilla Durieux (Miss Pembroke), Peter Schiff (Sergeant Bristow).

Fligender Sand ZDF 25. 11. 1967

Buch: Karlheinz Bieber und Wolfgang Patzschke. Regie: Karlheinz Bieber
Karl Michael Vogler (Hans Joachim Gräf), WOLFGANG KIELING (Gordon B. Clark), Hartmut Reck (Henry Willington), Helmut Förnbacher (Harry Lester), Jürgen Draeger (Maffia), Art Brauss (Sammy Ellis), Wolfgang Schwarz (William Martin).

Den folgenden Dreiteiler drehte Kieling für das Fernsehen der DDR. Das Bayerische Fernsehen zeigte ihn als Vierteiler am 13., 20., 27. 1. und 3. 2. 1973.

Jeder stirbt für sich allein 12., 16. und 20. 9. 1970

Buch: Klaus Jörn und Hans-Joachim Kasprzik nach dem gleichnamigen Roman von Hans Fallada. Regie: Hans-Joachim Kasprzik
Erwin Geschonneck (Otto Quangel), Elsa Grube-Deister (Anna Quangel), WOLFGANG KIELING (Kommissar Escherich), Dieter Franke (Gruppenführer Prall), Fred Düren (Borkhausen), Fred Delmare (Enno Kluge), Helga Göring (Eva Kluge), Erika Dunkelmann (Hete Häberle).

Kannibalen ARD 16. 11. 1970

Buch: George Tabori. Regie: Reinhard Mieke
Friedrich Joloff (Hirschler), Helmuth Hinzelmann (Heltai), WOLFGANG KIELING (Onkel), Peter Vogel (Klaub, ein Medizinstudent), Eberhard Peiker (Der Zigeuner), Dieter Prochnow (Weiß, der Koch).

Der Fall Jägerstätter ZDF 11. 6. 1971

Buch: Hellmut Andics. Regie: Axel Corti
Kurt Weinzierl (Franz Jägerstätter), Julia Gschnitzer (Franziska Jägerstetter), Rose Dybal (Mutter Jägerstetter), Michael Toost (Gendarm), Hugo Gottschlich (Bürgermeister), Tom Krinzinger (Erster Bauer), Ernst Auer (Zweiter Bauer), WOLFGANG KIELING (Unteroffizier).

Die Ahnfrau Bayerisches Fernsehen 20. 12. 1971

Buch und Regie: Peer Raben
Rudolf Lenz (Der Graf), Margit Carstensen (Berta), Rainer Werner Fassbinder (Jaromir), WOLFGANG KIELING (Boleslav), Hans Hirschmüller (Offizier), Kurt Raab (Pfarrer), Irm Hermann (Die Köchin).

Hunger 2000 Lt. Auskunft des BR: 24. 1. 1972

Regie: Robert Menegoz
WOLFGANG KIELING ist der Bundesbürger X.

Das Jahrhundert der Chirurgen.
Der Arzt seiner Schwester WWF 17. 2. 1972

Buch: Jürgen Thorwald. Regie: Wolf Dietrich
WOLFGANG KIELING (Professor Joseph Lister), Angela Hillebrecht (Agnes), Albert Hoerrmann (Dr. Syme), Christian Rode (Dr. Morgan), Maria Lucca (Isabella).

Rechtsprechung ZDF 26. 5. 1972

Szenische Rekonstruktion des Prozesses gegen Doktor John Bodkin Adams
Rudolf Schündler (Adams), Hans Paetsch (Richter), Jürgen Goslar (Kronanwalt), WOLFGANG KIELING (Verteidiger), Eva-Maria Meineke (Schwester Stronach).

Tatort. Strandgut ARD 25. 6. 1972

Buch: Herbert Lichtenfeld. Regie: Wolfgang Petersen
Klaus Schwarzkopf (Kommissar Finke), Wolf Roth (Jessner), WOLFGANG KIELING (Dr. Rudolf Kühne), Ingeborg Schöner (Manuela Borsdorf), Dieter Kirchlechner (Helmut Possky), Rolf Zacher (Karli Possky).

Der Eisberg der Vorsehung ZDF 9. 7. 1972

Buch: Thomas Schamoni und Laurens Straub. Regie: Thomas Schamoni
WOLFGANG KIELING (Charles Francis Hall), Friedrich G. Beckhaus (Sidney O. Buddington), Michael Korrontay (Dr. Emil Bessels).

Dem Täter auf der Spur. Ohne Kranz und Blumen ARD 22. 7. 1972

Buch: Henry Grangé und André Maheux. Regie: Jürgen Roland
Günther Neutze (Kommissar Bernard), Karl Lieffen (Inspektor Janot), Ingmar Zeisberg (Marie Malbosc), WOLFGANG KIELING (Antoine Malbosc), Marcel Werner (Jean-Claude), Walter Kohut (Joseph Loupiac), Cordula Trantow (Janine Boisseron).

Das letzte Paradies ARD 12. 9. 1972

Buch: André Müller. Regie: Eberhard Itzenplitz
Dieter Hufschmidt (Dr. Leo Kessel, Zoodirektor), WOLFGANG KIELING (Reichel, sein Schwager), Rolf Schult (Albert, Tierwärter), Cordula Trantow (Maria, Tierwärterin), Krista Keller (Eva, Kessels Frau), Peter Lühr (Der Vorsitzende), Anneliese Fleyenschmidt (Fernseh-Regisseurin).

Sonderdezernat K 1. Vier Schüsse auf den Mörder ARD 25. 10. 1972

Buch: Maria Matray und Answald Krüger. Regie: Alfred Weidenmann
Gert Günther Hoffmann (Arnold Matofski), Hubert Suschka (Kurt Diekmann), Hermann Treusch (Oliver Stüben), Peter Lakenmacher (Theodor Beer), Andrea Jonasson (Monika Jörgen), Karl Michael Vogler (Dieter Delfs), WOLFGANG KIELING (Siegfried Kalweit).

Dem Täter auf der Spur. Der Tod in der Maske ARD 4. 11. 1972

Buch: Fred Kassak und Jean Ferry. Regie: Jürgen Roland
Günther Neutze (Kommissar Bernard), Karl Lieffen (Inspektor Janot), Monika Gabriel (Odette Clisson), WOLFGANG KIELING (Roland Clisson), Horst Frank (Denis), Werner Pochath (Alain), Beate Hasenau (Válerie), Andrea Rau (Emmanuelle).

Bremer Freiheit

Saarländischer Rundfunk 27. 12. 1972

Buch und Regie: Rainer Werner Fassbinder
Margit Carstensen (Geesche), Ulli Lommel (Miltenberger), Wolfgang Schenck (Gottfried), Walter Sedlmayr (Pfarrer), WOLFGANG KIELING (Timm), Rudolf Waldemar Brem (Vetter Bohm), Kurt Raab (Zimmermann).

Immobilien ZDF 21. 2. 1973

Buch: Otto Jägersberg und Jörg Schröder. Regie: Otto Jägersberg
Maria Schell (Louise), Karl-Heinz Böhm (Rainer), Christine Kaufmann (Jasmin), Helmut Schmid (Retzlaf), Hans von Borsody (Braeger), Eva Mattes (Helga-Maria), WOLFGANG KIELING (Strothmann), Siegfried Wischnewski (Sackmann), Frithjof Vierock (Karl-Heinz), Dirk Dautzenberg (Franke).

Weekend im Paradies ARD 5. 3. 1973

Schwank von Franz Arnold und Ernst Bach. Regie: Karl Wesseler
WOLFGANG KIELING (Ministerialrat Breitenbach), Wolfgang Janssen (Oberregierungsrat von Giersdorf), Willy Millowitsch (Regierungsrat Dittchen), Harry Bong (Regierungsassessor Winkler), Eva-Maria Meineke (Hedwig, Dittchens Frau), Gerlinde Locker (Tuti), Günther Jerschke (Lehmann), Monika Gabriel (Lore Dietrich, Stenotypistin).

Bauern, Bonzen und Bomben ARD

Kieling spielte in den Folgen 3, 4, und 5 mit, die am 29. 4., am 3. und 8. 5. 1973 ausgestrahlt wurden.
Buch und Regie: Egon Monk
Ernst Jacobi (Tredup), Arno Assmann (Stuff), Siegfried Wischnewski (Gareis), Eberhard Fechner (Ferksen), H. M. Crayon (Schabbelt), Jörg Falkenstein (Stein), Heinz Fricke (Matthies), Friedrich Hartau (Heinsius), Gert Haucke (Manzow), Benno Hoffmann (Meisel), Hannelore Hoger (Frau Tredup), Kurt A. Jung (Wenk), WOLFGANG KIELING (Gebhard).

Im Reservat ZDF 13. 6. 1973

Buch: Peter Stripp. Regie: Peter Beauvais
Johanna Hofer (Die Alte), WOLFGANG KIELING (Alfred Bergmann), Rosemarie Fendel (Die Tochter), Johannes Schaaf (Der Amtsarzt), Käte Jaenikke (Heimleiterin), Gloria Doer (Hauswartsfrau).

Einladung zur Enthauptung ZDF 26. 9. 1973

Buch: Manfred Bieler nach dem Roman von Vladimir Nabokov. Regie: Horst Flick
Wolf Roth (Cincinnatus C.), Horst Bollmann (Pierre), WOLFGANG KIELING (Direktor), Helmut Brasch (Rodion), Hugo Schrader (Anwalt).

Zwischen den Flügen. Ein Wiedersehen
ZDF 8. 11. 1973

Buch: Horst Pillau. Regie: Helmut Förnbacher
Loni von Friedl (Iris Martin), Götz George (Tom Hartmann), Margot Hielscher (Wally Uliczka), WOLFGANG KIELING (Hellmuth Dellé), Christine Hölzle-Roedel (Kellnerin), M. Herrenberg (Flughafenangestellte), Johannes Killert (Älterer Herr).

Zwischenstation. Sag' mir, wenn ich sterben muß ZDF 4. 3. 1974

Buch und Regie: Hans Dieter Schwarze
WOLFGANG KIELING (Norbert Ziemek), Karin von Wangenheim (Selma, seine Frau), Ursula Herking (Käthe Ziemek), Eva-Maria Bauer (Ingrid Kraus).

Die Villa der Madame Vidac ZDF 13. 8. 1974

Fernsehspiel von Serge Simenois. Bearbeitung und Regie: Karlheinz Bieber
WOLFGANG KIELING (Justin), Claudia Wedekind (Nadine), Inken Sommer (Thérèse), Erik Schumann (Castel), Eva-Maria Meineke (Manon), Jürgen Draeger (George), Heidrun Kussin (Leda), Hans E. Schons (Chalmy).

Die Macher oder Warten auf Godeau ZDF 9. 9. 1974

Komödie von Honoré de Balzac. Bearbeitung: Claus Hammel. Regie: Werner Schlechte
WOLFGANG KIELING (Mercadet), Dagmar Altrichter (Madame M), Brigitte Kollecker (Julie), Christian Reiner (Justin), Walter Riss (Michonnin de la Brive), Dieter Traier (Minard).

Derrick. Waldweg ZDF 20. 10. 1974

Buch: Herbert Reinecker. Regie: Dietrich Haugk
Horst Tappert (Oberinspektor Derrick), Fritz Wepper (Inspektor Harry Klein), Hilde Weissner (Frau Dr. Göbel), Karl Lieffen (Herr Sparke), WOLFGANG KIELING (Herr Manger), Lina Carstens (Frau Manger).

Härte 10. Serie in fünf Folgen

1. Nadine ARD 14. 12. 1974
2. Sir Harold ARD 28. 12. 1974
3. Piet ARD 28. 12. 1974
4. Abdul ARD 25. 1. 1975
5. Martin ARD 8. 2. 1975

Buch: Peter Berneis und Karl Heinz Willschrei. Regie: Gordon Flemyng
Olga Georges-Picot (Nadine), WOLFGANG KIELING (Martin Melchior), Arthur Brauss (Abdul Carraco), Maria Marescatchi (Frau Steffen), Rolf Schimpf (Meuskens).

Diplomatengepäck ARD 31. 12. 1974

Buch: John Chapman. Regie: Arno Assmann
Karin Eickelbaum (Pamela), Gunnar Möller (Barry), Wolfgang Preiss (Luke), WOLFGANG KIELING (Martell), Karin Schlemmer (Mme. Martell).

See-Leben I ZDF 25. 3. 1975

Fernsehspiel nach dem Roman von Werner Koch. Regie: Hartmut Griesmayr
Klaus Herm (Gast), WOLFGANG KIELING (Nurmi), Monika Lundi (Sekretärin), Norbert Gastell (Bauer Greiff), Peter Linner (Greiffs Sohn), Erik Schumann (Kölner Herr), Hans Paetsch (Direktor), Sabine von Maydell (Tochter).

Lichtspiele am Preußenkorso.
Aus der Chronik der Familie Sawatzki
ZDF 22. 5. 1975

Buch: Curth Flatow, Werner E. Hintz und Horst Pillau. Regie: Hans Dieter Schwarze
Harald Juhnke (Charles-Hermann, Otto-Heinrich, Friedrich-Wilhelm, Bill, August und Erwin Sawatzki), WOLFGANG KIELING (Thilo von Glißmann), Käthe Haack (Luise, Mutter von Friedrich-Wilhelm), Barbara Schöne (Anita, Platzanweiserin), Loni Heuser (Wanda, Besitzerin einer Fleischerei), Edith Hancke (Frau Wudicke, Zimmervermieterin).

Es fängt ganz harmlos an.
Schicksale von Alkoholikern ZDF 30. 9. 1975

Szenischer Bericht von Eberhard Pieper
Cordula Trantow (Anne Richter), WOLFGANG KIELING (Klaus Richter), Irene Marhold (Gerda Schwarz), Helmut Griem (Dieter Schwarz), Herbert Stass (Hans Naumann), Marcel Werner (Jürgen Keller), Rudolf Schündler (Fritz).

Baby Hamilton oder Das kommt in den besten Familien vor ZDF 13. 12. 1975

Vorlage: Anita Hard und Maurice Braddel
WOLFGANG KIELING (Bronson Hamilton), Xenia Pörtner (Millicent, seine Frau), Andreas Seyferth (Derek), Amadeus August (Charles), Elisabeth Volkmann (Poppy Davis), Johannes Heesters (Opa Hamilton).

Man lernt nie aus. Heiteres über Recht und Gesetz
ZDF 3. 1. 1976

Buch: Kurt Rittig. Regie: Axel Corti
WOLFGANG KIELING und Peter Weck (Moderatoren), Ernst Stankowski (Bergsteiger), Christine Pauli (Ehefrau), Karl Tischlinger (Polizist), Joachim Bliese und Donald Arthur (Kriminalbeamte), Helena Rosenkranz (Frau Herbst).

Der Hypochonder ARD 28. 3. 1976

Komödie von Molière. Regie: Wilm ten Haaf
WOLFGANG KIELING (Argon), Violetta Ferrari (Toinette), Claudia Wedekind (Beline), Gracia-Maria Kaus (Angelique), Werner Kreindl (Beralde), Romuald Pekny (Doktor Diafoirus).

Von Emma, Türkenpaul und Erwin mit der Geige.
Geschichten zwischen Kiez und Ku'damm
ZDF 18. 4. 1976

Buch: Detlef Müller. Regie: Rainer Wolffhardt
3. Geschichte: Bleibe-Verhandlung
WOLFGANG KIELING (Professor Walter), Brigitte Grothum (Frau Walter), Hans Krull (Schwiegervater), Friedrich Siemers (Borgmann).

Ketten ARD 14. 6. 1976

Fernsehfilm von Karl Fruchtmann
Vadim Glowna (Johnson), Rolf Becker (Davidson), WOLFGANG KIELING (Meredith), Jo Bolling (Casey), Werner Abrolat (Gregory), Miachel Gahr (Osborne), Jutta Schwarz (Gwen).

Margarete in Aix ARD 13. 7. 1976

Komödie von Peter Hacks. Regie: Helmut Käutner
Erika Pluhar (Magarete), Erik Frey (René I.), WOLFGANG KIELING (Adhéanne de Croixbouc), Gracia-Maria Kaus (Auriane), Wolfgang Büttner (Graf Oxford), Günther Maria Halmer (Colin).

Lieben Sie Kishon? WWF 1976

Buch: Ephraim Kishon. Regie: Otto Tausig
Erholung in Israel
Klaus Schwarzkopf (Kellner), WOLFGANG KIELING (John Steinbeck), Karin Heske (Frau Steinbeck).
Soziale Fürsorge
Cornelia Froboess (Eva), WOLFGANG KIELING (Schabatai), Otto Bobich (Lagerleiter).
Ein Sessel für Fasalja
WOLFGANG KIELING (Schabatai), Klaus Schwarzkopf (Pollak).

Bei Westwind hört man keinen Schuß
ARD 8. 12. 1976

Buch: Hansjörg Martin. Regie: Sepp Strubel
Siegfried Wischnewski (Dirk Dirksen), Frederike Frei (Swantje, seine Tochter), Ernst Fritz Fürbringer (Dr. Schlünz, ein Biologe), WOLFGANG KIELING (Anselm Kiwitt), Manfred Seipold (Jochen Kieselack), Krystian Martinek (Harry Jungnickel).

Der Anwalt. Dreizehn neue Fälle

Gemeingefährlich ZDF 21. 4. 1977
Führerschein weg ZDF 28. 4. 1977
Eine unbezahlte Rechnung ZDF 5. 5. 1977
Senfgas ZDF 12. 5. 1977
Gewissenskonflikt ZDF 26. 5. 1977
Kuhhandel ZDF 2. 6. 1977
Hotel Bergenthal ZDF 16. 6. 1977
Narrenfreiheit ZDF 23. 6. 1977
Der Frikadellenkrieg ZDF 30. 6. 1977
Zum Wohle des Kindes ZDF 7. 7. 1977
30 Jahre für ein Kilo ZDF 14. 7. 1977
Der Fall Brencovic ZDF 21. 7. 1977
Urlaubsreif ZDF 28. 7. 1977
Buch: Gerd Oelschlegel (11) und Karl Wittlinger (2).
Regie: Theodor Grädler
WOLFGANG KIELING (Dr. Colmar), Thekla Carola Wied (Frl. Jeske, Referendarin), Angela Hillebrecht (Frau Schmitt, Sekretärin), Monika Rasky (Stenotypistin) sowie Herbert Steinmetz, Udo Vioff, Alexander May, Hans Reinhard Müller, Wolfried Lier, Benno Sterzenbach, Monika Peitsch, Wolfgang Weiser, Heini Göbel, Mady Rahl, Alexander Kerst, Klaus Höhne, Andrea L'Arronge, Miriam Spoerri, Erik Schumann, Wolfgang Preiss, Dieter Kirchlechner, Maria Graf, Dirk Dautzenberg, Alexander Golling, Lis Verhoeven, Harald Leipnitz und Elisabeth Volkmann.

Der Mann mit dem Zylinder ZDF 1. 9. 1977

Musikalische Komödie von Just Scheu und Ernst Nebhut. Regie: Georg Ruest
WOLFGANG KIELING (Louis Napoléon), Anita Höfer (Comtesse Eugénie), Uwe Friedrichsen (Boubou), Claudia Wedekind (Jolie), Alexander Malachowsky (Cicero).

Der Preis ZDF 1. 11. 1977

Nach einer Vorlage von Arthur Miller. Regie: Thomas Fantl
WOLFGANG KIELING (Victor), Rolf Henniger (Walter), Werner Hinz (Salomon), Xenia Pörtner (Esther).

Meine dicke Freundin ARD 18. 1. 1978

Komödie von Charles Laurence. Regie: Gig Malzacher
Johanna Liebeneiner (Vicky), WOLFGANG KIELING (Henry), Frank Lenart (James), Harald Dietl (Tom).

Reformmit Pferdefuß ZDF 11. 5. 1978
Kunstfehler ZDF 18. 5. 1978
Nirgendwo zu Hause ZDF 1. 6. 1978
Madonna ZDF 8. 6. 1978
Rote Rosen ZDF 15. 6. 1978
Ferndiagnose ZDF 22. 6. 1978
Brückenbau ZDF 29. 6. 1978
Schönheitsoperation ZDF 6. 7. 1978
Operettentheater ZDF 13. 7. 1978
Ein Unfall? ZDF 20. 7. 1978
Kostenmiete ZDF 27. 7. 1978
Blind? ZDF 3. 8. 1978
Teufelskreis ZDF 10. 8. 1978
Buch: Gerd Oelschlegel. Regie: Theodor Grädler
WOLFGANG KIELING (Dr. Colmar), Thekla Carola Wied (Frl. Jeske), Angela Hillebrecht (Frau Schmitt), Monika Rasky (Stenotypistin) sowie Klaus Höhne, Pierre Franckh, Herta Conrad, Heinz Engelmann, Otto Stern, Franz Rudnick, Ilse Zielsdorff, Thomas Astan, Friedrich Maurer, Paul Friedrichs, Gert Wiedenhofen, Rudolf Wessely, Hans-Peter Kurr, Harry Kahlenberg, Til Erwig, Horst Naumann, Herbert Tiede, Hans Quest, Ulf Söhmisch, Gerhard Riedmann, Wolfgang Weiser, Gaby Herbst, Britta Fischer, G. Dennert, Ludwig Wühr, Maria Singer, Karl Obermayr, Hans Baur, Inge Schulz, Claus Krüger, Nora Minor, Rolf Castell, Hans Stadtmüller, Lore Bronner, Gustl Datz, Hans-Helmut Dickow, Lis Verhoeven, Wolf Ackva,

Berno von Cramm, Götz Olaf Rausch, Axel Ganz, Werner Pochath, Max Mairich, Thomas Reiner, Wilfried Klaus, Gernot Duda, Inge Schwannecke, Joan Orleans, Monika John, Joachim Bismeier, Vera Frydtberg, Ivo Vrzal, Manfred Seipold, Manfred Lichtenfeld, Imo Heite, Dietrich Thoma, Michael Habeck, Gerlinde Locker, Viktoria Brahms, Erdal Merdan, Gefion Helmke, Paul Glawion, Wolfried Lier, Peter Martin Urtel, Alexander May, Willi Schultes, Max Grießer, Herlinde Latzko, Franz Schafheitlin, Jos Hartmann, Josef Fröhlich, Michael Cromer, Peter Capell, Alexander Golling, Fritz Pauli und Heini Göbel.

Friedrich Schachmann wird verwaltet

ZDF 28. 8. 1978

Buch und Regie: Eberhard Pieper
WOLFGANG KIELING (Schachmann), Rolf Jülich (Schachmann, jung), Lina Carstens (Toni), Wolfgang Wahl (Kannenbach), Gerhard Olschewski (Paule), Hans Peter Korff (Gruner).

Der Geist der Mirabelle. Geschichten aus Bollerup
ZDF 24. 12. 1978

Nach dem Erzählungsband von Siegfried Lenz. Regie: Eberhard Pieper
Wolfgang Büttner (Erzähler), WOLFGANG KIELING (Harms), Karl F. Gerster (Kleinschmitt), Hans Michael Rehberg (Dorsch), Gerhard Olschewski (Rammler).

In des Waldes tiefsten Gründen.
Eine heitere Weinreise nach Kurt Tucholsky
ZDF 1. 1. 1979

Regie: Wolfgang F. Henschel
Mit Hannes Messemer, Siegfried Wischnewski, Lukas Ammann, WOLFGANG KIELING, Christina Horn, Brigitte Koller.

Extratouren ARD 4. 1. 1979

Von und mit Willy Millowitsch
WOLFGANG KIELING spielt einen Clown.

Lilli Palmer: Eine Frau bleibt eine Frau.
Neue Szenen einer Familie ZDF 7. 1. 1979

Buch: Herbert Reinecker. Regie: Alfred Weidenmann
Lilli Palmer (Brigitte Schwarz), Viola Böhmelt (Inge), Ekkehardt Belle (Martin), Eckard Heise (Horst), E. Schultze-Westrum (Haushälterin), WOLFGANG KIELING (Kunsthändler).

Wo die Liebe hinfällt.
Poetische Geschichten um ein ewig junges Thema
ZDF 28. 1. 1979

Buch: Detlef Müller. Regie: Konrad Sabrantzky
5. Geschichte: Kurz vor der Landung
Johanna Liebeneiner (Brigitte), WOLFGANG KIELING (Wolfgang) sowie Johanna von Koczian, Claudia Brünnert und Bettina Lutze.

Die Stühle des Herrn Szmil ARD 25. 3. 1979

Komödie von Heinar Kipphardt. Regie: Vojtech Jasny
Rudolf Wessely (Szmil), WOLFGANG KIELING (Kasch), Ursula Strätz (Lucie Fukatsch), Richard Beek (Blum), Gernot Duda (Hausmeister), Jürgen Arndt (Jawohl), Wilmut Borell (Quallacz), Margret Homeyer (Helena Schnaap), Rudolf Schündler (Onkel).

... es ist die Liebe.
Vier heitere und amüsante Geschichten
ZDF 16. 9. 1979

Buch: Herbert Reinecker. Regie: Hartmut Griesmayr
1. Geschichte: Die Geschäftsreise
Sigmar Solbach (Walter Stomm), WOLFGANG KIELING (sein Chef), Heidelinde Weis (dessen Gattin).

Geschichten aus der Zukunft.
Nach menschlichem Ermessen ZDF 21. 10. 1979

Buch: Karl Wittlinger. Regie: Harald Philipp
Judy Winter (Dr. Françoise Malherbe), Sascha Hehn (Dr. Stephan Roth), WOLFGANG KIELING (Hubert Weidmann), Margret Schupp (Inge Weidmann), Herbert Fleischmann (Dr. Kurt Tressel).

Tatort. Schweigegeld ARD 19. 11. 1979

Buch: Herbert Lichtenfeld
Hansjörg Felmy (Haferkamp), Willy Semmelrogge (Kreutzer), Karin Eickelbaum (Ingrid Haferkamp), Dieter Kirchlechner (Storck), Hannelore Hoger (Ira Storck), WOLFGANG KIELING (Klaven).

Pension Schöller ZDF 6. 1. 1980

Schwank von Carl Laufs und Wilhelm Jacoby. Regie: Wolfgang Spier
Harald Juhnke (Herr Robitzky), Edeltraut Elsner (Ulrike), Christine Schild (Ida), Christel Harthaus (Paula), Walter Jokisch (Herr Schöller), Maria Sebaldt (Frau Schöller), Sabine Buschmann (Frieda), WOLFGANG KIELING (Leo Schöller).

Die ungeraden Wege des Arnolt Bronnen
Bayerisches Fernsehen 16. 6. 1980

Ein Film von Barbara Bronnen
WOLFGANG KIELING liest Texte von Arnolt Bronnen.

Das Drehbuch ZDF 23. 6. 1980

Nach dem Stück von Jean Anouilh. Regie: Wolfgang Liebeneiner
WOLFGANG KIELING (D'Anthac), Walter Jokisch (Loubenstein), Joachim Ansorge (Paluche), Volkert Kraeft (von Spitz), Loni von Friedl (Ludmilla), Horst Michael Neutze (Wirt).

Ein unruhiger Sommer ARD 25. 6. 1980

Buch: Franz Geiger. Regie: Rüdiger Graf
WOLFGANG KIELING (Eduard), Elisabeth Wiedemann (Hedwig), Gisela Schneeberger (Josefine), Dieter Traier (Rainer).

Barfuß im Park ARD 9. 7. 1980

Komödie von Neil Simon. Regie: Arno Assmann
Helmut Förnbacher (Paul), Anita Lochner (Corie), Edith Schneider (Cories Mutter), WOLFGANG KIELING (Victor Velasco), Heini Göbel (Harry Pepper), Heino Hallhuber (Kellner).

Ein Guru kommt ZDF 8. 12. 1980

Fernsehspiel von Rainer Erler
Wolfgang Reichmann (Joachim Müller-Strehlitz), Eric P. Caspar (Sebastian Müller-Strehlitz), Jörg Pleva (Sigurd Kapellmann, genannt Jagdish-Singh), WOLFGANG KIELING (Wachsmuth, Rechsanwalt), Wolf Harnisch (Ein Teppichhändler aus Kalkutta), Ronnie Lee Williams (Samuel, ein farbiger Maler), Victoria Miles (Cindy, sein Modell).

Kreuzfahrten eines Globetrotters. Spuren im Dschungel ZDF 26. 2. 1981

Nach W. Somerset Maugham. Regie: Claus Peter Witt
Dieter Laser (Cartwright), Karin Anselm (Mrs. Cartwright), WOLFGANG KIELING (Gaze), Katja Rupé (Mabel), Joachim Dietmar Mues (Bronson).

Exil ZDF 26., 27. 4., 4., 11., 18., 25. 5. und 1. 6. 81

Buch: Robert Muller und Egon Günther. Regie: Egon Günther
Klaus Löwitsch (Trautwein), Louise Martini (Anna), Christoph Eichhorn (Hanns), Vadim Glowna (Benjamin), Constanze Engelbrecht (Ilse), Ivan Desny (Wiesener), Peer Augustinski (Spitzi), Siegfried Wischnewski (Heydebregg), Elisabeth Kreuzer (Erna Redlich), Peter Kern (Tschernigg), Kurt Raab (Heilbrunn), WOLFGANG KIELING (Gingold).

Der König und sein Narr ARD 9. 9. 1981

Buch: Ulrich Plenzdorf. Regie: Frank Beyer
WOLFGANG KIELING (Jacob Paul von Gundling), Götz George (König Friedrich Wilhelm I.), Monika Gabriel (Anne de Larrey), Martin Brandt (Daniel), George Claisse (De Rottembourg), Jürgen Draeger (Creutz), Erna Haffner (Die Schneiderin), Gert Haucke (Forcade).

Thriller. Die Vielgeliebte ZDF 24. 10. 1981

Buch: Edmund Ward und Gerry O'Hara. Regie: Gerry O'Hara
WOLFGANG KIELING (Ein Kriminalkommissar), William Marlowe (Martin Ray), Catherine von Schell (Sophie Ray), Josef Dubin-Behrmann (Eric de Charmoy), Guy Deghy (Willy Munch), Guido de Moor (Ulbricht), Liesbeth Struppert (Dr. Tulp), Piet Römer (Henk).

Das Traumschiff (2) Urlaubsgeschichten auf See ZDF 29. 11. 1981

Regie: Fritz Umgelter
Günter König (Kapitän Braske), Sascha Hehn (Steward Victor), Heide Keller (Hostess Beatrice), WOLFGANG KIELING (Walter Borchert), Elisabeth Wiedemann (Else Borchert), Monika Peitsch (Jutta Neumann).

Der Spot oder Fast eine Karriere ZDF 30. 11. 1981

Film von Rainer Erler
Claus Obalski (Pit Soling), Elisabeth Endriss (Lisa), WOLFGANG KIELING (Ingelmann), Andrea L'Arronge (Ingeborg), Sascha Bogojevič (Sandra), Alexander May (Dr. Sanders), Michael Gahr (Strack), Dietrich Mattausch (Engel).

Oh du fröhliche.
Besinnliche Weihnachtsgeschichten
ZDF 24. 12. 1981

Nach einer Idee von Wolfdietrich Schnurre. Regie: Wolfgang Schleif
4. Geschichte: Geben und Nehmen
WOLFGANG KIELING (Kuhnke), Michael Wirbitzky (Peter), Nate Seids (Mutter), Til Erwig (Vater).

Kreisbrandmeister Felix Martin

Die Todeswolke ZDF 22. 2. 1982
Die Spur zum roten Hahn ZDF 1. 3. 1982
Hochspannung ZDF 8. 3. 1982
Zeitzünder ZDF 15. 3. 1982
Das Mädchen auf dem Dach ZDF 22. 3. 1982
Schwarzer Montag ZDF 29. 3. 1982
Gefährliches Spiel ZDF 6. 4. 1982
Der Feuerteufel ZDF 13. 4. 1982
Ein Routinetag ZDF 20. 4. 1982
Als Fest begann's ZDF 27. 4. 1982
Regie: Harald Philipp
WOLFGANG KIELING (Felix Martin), Monika Gabriel (Helene Martin), Andrea Rau (Monika), Gernot Endemann (Claus Dahlberg), Hans Busakker (Papendiek), Albert Bose (Bertram), Dieter Wieland (Karl Galinsky).

Die Krimistunde (3) ARD 6. 5. 1982

Vier Geschichten für Kenner von Henry Slesar. Regie: Hartmut Griesmayr
1. Geschichte: Das Geheimnis der Truhe

Wohl bekomm's ZDF 11. 5. 1982

Komödie von Pierre Chesnot. Regie: Rolf von Sydow
Karl Heinz Vosgerau (Louis Mericourt), WOLFGANG KIELING (Professor Carron), Alice Treff (Louise), Loni von Friedl (Lucie Mericourt), Viktoria Brahms (Viviane Boissière).

Treffpunkt Airport ZDF 6. 6. 1982

Sechs zusammenhängende Episoden von Herbert Reinecker. Regie: Pit Weyrich
20 Minuten Aufenthalt
Michael Degen (Hamann), Doris Kunstmann (Doris), WOLFGANG KIELING (Ziegler).

Hellseher wider Willen

Karl Zeisig muß ins Gefängnis WWF 9. 12. 1982
Karl Zeisig wird entlassen WWF 16. 12. 1982
Karl Zeisig und der Posträuber WWF 23. 12. 1982
Karl Zeisig kommt in die Zeitung WWF 30. 12. 1982
Karl Zeisig und die schöne Frau Wieland WWF 6. 1. 1983
Karl Zeisig und die Kindesentführer WWF 13. 1. 1983
Karl Zeisig und das Geschäft mit der Hellseherei WWF 20. 1. 1983
Karl Zeisigs letzte Vision WWF 27. 1. 1983
Buch: Hartmut Grund, Wilfried Schröder, Walter Weber. Regie: Peter Weck
WOLFGANG KIELING (Karl Zeisig), Elisabeth Wiedemann (Grete Zeisig), Anja Jaenicke (Renate Zeisig), Martin May (Georg Zeisig), Gustl Weishappel (Inspektor Weber), Toni Berger (Amtmann), Elisabeth Karg (Frau Schneider), Gerd Burkhard (Gustav Klein).

Mein Bruder und ich ZDF 26. 12. 1982

Fernsehspaß von Robert Stromberger. Regie: Claus Peter Witt
Hermann Prey (Gunther Maria und Sigi Thaler), Rada Rassimov (Elvira Fioretti), Dorothea Parton (Luci Wildinger), WOLFGANG KIELING (Intendant), Robert Stromberger (Maskenbildner), Hans Putz (Garderobier).

Die Geschwister Oppermann
ZDF 30. und 31. 1. 1983

Buch und Regie: Egon Monk
WOLFGANG KIELING (Martin Oppermann), Rosel Zech (Lieselotte), Till Topf (Berthold), Michael Degen (Dr. Gustav Oppermann), Ilona Grübel (Sybil), Peter Fitz (Prof. Edgar Oppermann), Karola Ebeling (Gina), Britta Pohland (Ruth), Kurt Sobotka (Jacques Lavendel), Hannes Messemer (Gutwetter).

Der Alte. Der vierte Mann ZDF 22. 4. 1983

Buch: Volker Vogeler. Regie: Günter Gräwert
Siegfried Lowitz (Erwin Köster), Michael Ande (Gerd Heymann), Jan Hendriks (Martin Brenner), Henning Schlüter (Millinger), Rolf Castell (Leitner), Diether Krebs (Hans Kurt), WOLFGANG KIELING (Helmut Schäffert).

Satan ist auf Gottes Seite ZDF 24. 7. 1983

Nach dem Roman von Hans Herlin. Regie: Wolfgang Staudte
Hans-Christian Blech (C), WOLFGANG KIELING (Carow), Dieter Kirchlechner (Martin), Hannelore Elsner (Zimra), Herbert Stass (Faun), Horst Michael Neutze (Geissler).

Das Herz aller Dinge
ZDF 11. (2), 18. und 25. 9. 1983

TV-Film in vier Teilen nach dem Roman von Graham Greene. Regie: Marco Leto
Jack Hedley (Major Scrobie), Erica Rogers (Louise), Manfred Seipold (Wilson), WOLFGANG KIELING (Yusef), Tim Kwebulane (Ali), Ron Smerczak (Harris).

Strafanzeige gegen unbeteiligt ZDF 5. 12. 1983

Regie: Jürgen Haase
WOLFGANG KIELING (Weichmüller), Werner Kreindl (Gasterke), Katharina Matz (Marianne Weichmüller), Michael Weckler (Polizeimeister).

Das Traumschiff (6) Zweite Staffel ZDF 1. 1. 1984

Buch: Alfred Sterzel, Herbert Reinecker. Regie: Alfred Vohrer
Günter König (Kapitän Braske), Heide Keller (Hostess Beatrice), Sascha Hehn (Steward Victor), Sigmar Solbach (Udo Limbach), WOLFGANG KIELING (Bernhard Roor), Jocelyne Boisseau (Dina).

Der Trauschein ZDF 1. 4. 1984

Buch und Regie: Ephraim Kishon
WOLFGANG KIELING (Daniel Brozowsky, ein selbständiger Klempnermeister), Maria Schell (Ella, seine Frau), Simone Rethel (Vicky, ihre Tochter), Michael Kausch (Robert Knoll, Vickys Verlobter), Herbert Herrmann (Bunky, Mitglied des Kibbuz Einot), Yvette Kolb (Rose Hooper, Witwe, Nachbarin der Brozowskys).

Turf. Die letzte Wette WWF 23. 10. 1984

Buch: Wolfgang Franke. Regie: Marcus Scholz
WOLFGANG KIELING (Erich), Renate Küster (Edeltraut), Siegfried Dornbusch (Willi), Henning Gissel (Walter).

Der Alte. Der Klassenkamerad ZDF 9. 11. 1984

Buch: Volker Vogeler. Regie: Günter Gräwert
Siegfried Lowitz (Erwin Köster), Michael Ande (Gerd Heymann), Jan Hendriks (Martin Brenner), Wolfgang Zerlett (Meyer Zwo), WOLFGANG KIELING (Walter Nolle), Rolf Henninger (Sir Baldur), Towje Kleiner (Rolly).

Geld oder Leben und drei andere heitere Geschichten mit Heidelinde Weis ZDF 25. 11. 1984

3. Geschichte: Spieglein, Spieglein an der Wand
Buch: Michael Baier. Regie: Franz Peter Wirth
Susi Engl (Brigitte), WOLFGANG KIELING (Jean-Paul), Karl Lieffen (Verkäufer), Philipp Moog (Dieter).

Das Geschenk ZDF 16. 12. 1984

Buch und Regie: Marcus Scholz
Inge Meysel (Henriette Bach), WOLFGANG KIELING (Alfred Richertz), Klaus Mikoleit (Volker Bach), Regine Schulte am Hülse (Marianne Bach), Marion Kracht (Monika Schmelzer), Else Quecke (Gemeindeschwester Amalie).

Patrik Pacard. Entscheidung im Fjord
ZDF 25., 26., 27., 28., 29. und 30. 12. 1984

Nach dem Roman von Justus Pfaue. Regie: Gero Ehrhardt
Hendrik Martz (Patrik Pacard), WOLFGANG KIELING (Professor Gunström), Peter Bongartz (Peter Pacard), Gila von Weitershausen (Katrin Pacard), Jean-Claude Bouillon (Dimitri), Agnes Dünneisen (Dr. Giovanna Castelli), Andreas Mannkopff (Harry), Karl Heinz Vosgerau (Harvey).

Der Schiedsrichter ZDF 22. 1. 1985

Buch: Günter Kunert. Regie: Rolf von Sydow
WOLFGANG KIELING (Karl Bisst), Harald Dietl (Dr. Keller), Erwin Kohlund (Dr. Ruckli), Peter Aust (Heer), Cornelia Meinhardt (Marion), Andreas Mannkopff (Siebold), Walo Lüönd (Landolt).

denkmal ZDF 25. 2. 1985

Ein kulturelles Fragespiel mit Helmut Greulich und Monika Moos
WOLFGANG KIELING spielt einen besoffenen Herrn.

Anruf genügt. Vier Episoden um Sammelbesteller ZDF 24. 3. 1985

Buch: Marcus Scholz, Rainer Erler, Herbert Lichtenfeld. Regie: Wilfried Dotzel
4. Geschichte: Der Held der Lüfte
Joachim Kenner (Harald Kranz), Uschi Sieg (Dagmar Kranz), Gerda Maria Jürgens (Frau Dohrmann), Lola Müthel (Katinka Scharfenberg), WOLFGANG KIELING (Dr. Thomson).

Stadttheater ZDF 26. 3. 1985

TV-Spiel nach Motiven des Romans von Fritz Raab. Regie: Thomas Fantl
WOLFGANG KIELING (Intendant), Volker Brandt (Junghans), Regina Sattler (Ira), Ute Christensen (Camilla Herbst), Peter Aust (Dr. Weinholtz), Joseline Gassen (Helma Weinholtz).

Grenzenloses Himmelblau ZDF 7. 4. 1985

Film von Marcus Scholz
Inge Meysel (Charlotte), Evelyn Hausmann (Paula), Christian Wolff (Rainer Nehls), Pinkas Braun (Tom Schwarz), Edith Schollwer (»Gräfin«), WOLFGANG KIELING (Guido).

Herbert ist Herrmann (3) ZDF 16. 5. 1985

Regie: Frank Strecker
Herbert Herrmann mit Maria Sebaldt, Susanne Uhlen und Herbert Bötticher. Als Gast: WOLFGANG KIELING.

Die Schwarzwaldklinik (4) Sterbehilfe

ZDF 27. 10. 1985

Buch: Herbert Lichtenfeld. Regie: Alfred Vohrer
Klausjürgen Wussow (Prof. Klaus Brinkmann), Gaby Dohm (Schwester Christa), Sascha Hehn (Dr. Udo Brinkmann), Karin Hardt (Käti), Heidelinde Weis (Dr. Elena Bach), Holger Petzold (Dr. Wolter), WOLFGANG KIELING (Dr. Marker).

Wolfgang Kieling: In Amt und Würden

ZDF 10. 11. 1985

Vier Geschichten zur Unterhaltung aus Frankreich
Buch: Felix Huby und Rolf von Sydow. Regie: Rolf von Sydow
Hans Clarin (Bürgermeister), Claudia Butenuth (Journalistin), Heidelinde Weis (Lehrerin), Rolf von Sydow (Bauingenieur), Jürgen Holtz (Bischoff), Susanne Uhlen (Nichte des Grafen), Peter Buchholz (François), Walter Buschoff (Richard), Herbert Stass (George), Hubertus Melsheimer (Pierre) und WOLFGANG KIELING als Posthalter, Polizeichef, Abbé und Heiratsvermittler.

Die Schwarzwaldklinik (7) Die Schuldfrage

ZDF 17. 11. 1985

vgl. Folge 4.

Die Schwarzwaldklinik (12) Die falsche Diagnose
ZDF 21. 12. 1985

vgl. Folge 4

Es war ein bißchen laut... Zum 50. Todestag von Kurt Tucholsky ZDF 23. 12. 1985

Buch und Regie: Wolfgang F. Henschel
Mit Hanns Dieter Hüsch (Tucholsky), Ernst Stankovski (Freund), Louise Martini, Maria Sebaldt, Helen Vita, Klaus Schwarzkopf, Stefan Wigger, Peter Schmitt, Hans Korte, Günter Pfitzmann, WOLFGANG KIELING, Hannes Messemer, Horst Frank, Siegfried Wischnewski.

Die Schwarzwaldklinik. Der Infarkt
ZDF 23. 2. 1986

Buch: Herbert Lichtenfeld. Regie: Hans-Jürgen Tögel
vgl. Folge 4.

Zieh den Stecker raus, das Wasser kocht

ARD 4. 5. 1986

Buch und Regie: Ephraim Kishon
Friedrich Karl Praetorius (Raphael Schlesinger), Ursula Monn (Dahlia), Herbert Bötticher (Kalman M. Kaschtan), WOLFGANG KIELING (Joseph Picker und Rembrandt van Rijn), Rüdiger Wandel (Dan Meron), Yvette Kolb (Mon Chéri), Michael Kausch (Gogo).

Die wichtigsten Theaterauftritte Wolfgang Kielings

Landestheater der Mark Brandenburg in Luckenwalde

Max Halbe: **Jugend**. Regie: Albert Florath. Premiere: 1941
Rolle: Hans Hartwig. Als Gretchen: Dagmar Altrichter.

Max Halbe: **Der Strom**. Premiere: 4. 11. 1941
Rolle: Jakob.

Gerhart Hauptmann: **Der Biberpelz**. Premiere: 5. 2. 1942
Rolle: Dr. Fleischer.

Stadttheater Potsdam

Franz Grillparzer:
Der Meeres und der Liebe Wellen.
Premiere: 17. 5. 1942
Rolle: Leander. Als Hero: Ingeborg Eckholm.

Haus am Waldsee, Experimentiertheater, Berlin

Ronald Duncan: **Hier ist der Weg zum Grab**.
Regie: Peter Frank. Premiere: 4. 5. 1950
Mit Inge Herbrecht, Gisela Mayerhoff, WOLFGANG KIELING, Klaus Billing, Ulrich Lauffer, Otto Krone.

Freie Volksbühne, Berlin

Luigi Pirandello:
Sechs Personen suchen einen Autor.
Regie: Oscar Fritz Schuh. Premiere: 22. 10. 1950
Mit Franziska Kinz, Lola Müthel, Gisela Arnold, Nora Brand, Gerda Zinn, Ruth von Petényi, Kate Kühl, Kurt Meisel, WOLFGANG KIELING.

Tribüne, Berlin

Carlo Goldoni: **Mirandolina**. Regie: Erich Geiger. Premiere: 6. 2. 1951
Mit Dorothea Hanke, Sylvia Martin, Alice Prill, Werner Stock, Joachim Wichmann, Helmut Heyne, WOLFGANG KIELING, Wolfgang Gruner.

Hebbel-Theater, Berlin

Georg Büchner: **Dantons Tod.** Regie: Karl Heinz Stroux. Premiere: 2. 3. 1951
Walter Frank (Georg Danton), Eduard Wandrey (Legendre), Paul Edwin Roth (Camille Desmoulins), Heinz Welzel (Hérault-Séchelles), WOLFGANG KIELING (Lacroix), Ernst Deutsch (Robbespierre), Fritz Tillmann (St. Just).

Schiller-Theater, Berlin

Carl Zuckmayer: **Der Gesang im Feuerofen**. Regie: Heinrich Koch. Premiere: 15. 9. 1951
Peter Mosbacher (Louis Creveaux), Horst Niendorf (Marcel Neyroud), Erich Schellow (Francis Leroy), Friedrich Maurer (Der Vater), Elisabeth Wegener (Die Mutter), WOLFGANG KIELING (Der Sohn).

Theaterklub im British Centre, Berlin

Michel Aucouturier: **Ein Don Juan**. Regie: Wolfgang Spier. Premiere: 18. 12. 1951
Mit Waltraut Schmahl, Eva Krutina, Ursel Bergmann, Ingeborg Laurel, Ilse Kiewiet, Waltraut Hertel, Renate Kwiet, WOLFGANG KIELING.

Hebbel-Theater, Berlin

Julien Luchaire: **Die Zwanzigjährigen**.
Regie: Walter Suessenguth. Premiere: 16. 1. 1952
Mit Gisela Trowe, Renate Barken, Ursula von Manescul, Renate Kamke, Harald Juhnke, Klaus Kinski, WOLFGANG KIELING.

Freie Volksbühne, Berlin

Gerhart Hauptmann: **Herbert Engelmann** (aus dem Nachlaß bearbeitet von Carl Zuckmayer). Regie: Otto Kurth. Premiere: 10. 4. 1952
Mit Brigitte Ratz, Käthe Haack, Ursula Höflich, Margarete Schön, Ilse Fürstenberg, Alexa von Poembsky, Ilse Petri, WOLFGANG KIELING.

Schiller-Theater, Berlin

Frank Wedekind: **Lulu**. Regie: Oscar Fritz Schuh. Premiere: 28. 6. 1952
Mit Gisela Uhlen, Tilly Lauenstein, Friedel Schuster, Karin Evans, Blandine Ebinger. O. E. Hasse, Walter Suessenguth, Wilhelm Borchert, WOLFGANG KIELING.

Tribüne, Berlin

Leopold Ahlsen: **Pflicht zur Sünde**.
Regie: Frank Lothar. Premiere: 26. 9. 1952
Mit Annemarie Steinsieck, Ingeborg Schelle, WOLFGANG KIELING, Hans-Albert Martens, Frank Lothar, Hans W. Hamacher, Horst Keitel.

Münchner Kammerspiele

Max Frisch:
Don Juan oder Die Liebe zur Geometrie.
Regie: Leonard Steckel. Premiere: 21. 5. 1953
WOLFGANG KIELING (Don Juan), Rudolf Reif (Don Tenorio, sein Vater), Maria Nicklisch (Miranda), Rudolf Vogel (Don Gonzala), Maria Wimmer (Donna Elvira, seine Gattin), Brigitte Ratz (Donna Anna, deren Kind).

Münchner Kammerspiele

Jean Anouilh: **Colombe oder Das Glück der Liebe**. Regie: Helmut Käutner. Premiere: 14. 7. 1953
Hilde Hildebrand (Madame Alexandra), Hans Quest und WOLFGANG KIELING (Julien und Armand, ihre Söhne), Eva-Ingeborg Scholz (Colombe, Juliens Frau), Rudolf Vogel (Emile Robinet), Anton Reimer (Desfournettes), Therese Giehse (Madame Georges), Gert Fröbe (Der Friseur).

Stadttheater Basel

Max Frisch:
Don Juan oder Die Liebe zur Geometrie.
Regie: Wolfgang von Stas. Premiere: 1954
WOLFGANG KIELING (Don Juan), Michael Arco (Tenorio, sein Vater), Gisela Uhlen (Miranda), Alfred Schlageter (Don Gonzalo), Lieselotte Reimann (Donna Elvira, seine Gattin), Franziska Seip (Donna Anna, deren Kind).

Stadttheater Basel

Jean Cocteau: **Bacchus**. Regie: Dietrich Haugk. Premiere: 1954
Wolfgang Jarnach (Der Kardinal Zampi), Michael Arco (Der Bischof), Raimund Bucher (Der Herzog), WOLFGANG KIELING (Hans, der Bacchus), Thomas Vallon (Lothar, Sohn des Herzogs).

Freie Volksbühne, Berlin

Milo Dor und Reinhard Federmann:
Der Weg nach Salerno.
Regie: Christoph Groszer. Premiere: 5. 2. 1956
Mit Eva Krutina, Ingrid Rentsch, WOLFGANG KIELING, Achim Strietzel, Wolfgang Gruner, Alfred Cogho, Wolf Martini.

Stuttgart Staatsschauspiel

Bertolt Brecht: **Leben Eduards II. von England**.
Regie: Peter Palitzsch. Premiere: 11. 10. 1958
WOLFGANG KIELING in der Titelrolle.

Stuttgart Staatsschauspiel

Bertolt Brecht:
Der unaufhaltsame Aufstieg des Arturo Ui.
Regie: Peter Palitzsch. Premiere: 19. 11. 1958
WOLFGANG KIELING (Arturo Ui, Gangsterboß), Gerhard Just (Ernesto Roma, sein Leutnant), Herbert Steinmetz (Emanuele Giri), Hans-Helmut Dikkow (Guiseppe Givola), Kurt Hübner (Ted Ragg), Karl Renar (Inna, Leibwächter Romas).

Stuttgart Staatsschauspiel

Friedrich Schiller: **Don Carlos**.
Regie: Dietrich Haugk. Premiere: 11. 3. 1959
Walter Suessenguth (Philipp II.), Lieselotte Rau (Elisabeth von Valois, seine Gemahlin), Gerd Seid (Don Carlos, Kronprinz), Maria Wiecke (Herzogin von Olivarez), Ortrud Bechler (Marquisin von Mondekar), Eva-Maria Meineke (Prinzessin von Eboli), WOLFGANG KIELING (Rodrigo, Marquis von Posa, Malteserritter).

Stuttgart Staatsschauspiel

Anton Tschechow: **Dieser Platonow**.
Premiere: 4. 4. 1959
Rolle: Der Sohn.

Stuttgart Staatsschauspiel

Arthur Adamov: **Die toten Seelen**.
Premiere: 21. 11. 1959
Rolle: Tschitschikow

Stuttgart Staatsschauspiel

Gerhart Hauptmann: **Schluck und Jau**.
Regie: WOLFGANG KIELING.
Premiere: 3. 4. 1960
Mit Hans Mahnke und Hans Hermann-Arthur.

Residenztheater München

Friedrich Schiller: **Wilhelm Tell**.
Regie: Werner Düggelin. Premiere: 23. 4. 1960
Hans Dieter Zeidler (Wilhelm Tell), Dieter Kirchlechner (Melchthal), Hans Cossy (Stauffacher), Kurt Stieler (Attinghausen), Hans Baur (Walter Fürst), Eva Kotthaus (Berta von Bruneck), WOLFGANG KIELING (Geßler).

Residenztheater München

Calderon: **Der wundertätige Magier**.
Regie: Werner Düggelin. Premiere: 29. 7. 1960
Ulrich Haupt (Cyprianus), WOLFGANG KIELING (Der Dämon), Kurt Stieler (Lysander), Elisabeth Orth (Justina, eine angenommene Tochter), Sigfrit Steiner (Der Statthalter von Antiochia), Reinhard Glemnitz (Lelio, sein Sohn).

Stadttheater Köln

Tennessee Williams: **Die Nacht des Leguan**.
Regie: Charles Regnier. Premiere: 21. 10. 1962
Reinhard Jahn (Pancho), Gisela Holzinger (Maxine), Fernando Avila (Pedro), WOLFGANG KIELING (Shannon), Peter Roggisch (Wolfgang), Gabriele Buch (Hilda), Grete Mosheim (Hanna Jelkes).

Stadttheater Köln

Claus Hubalek: **Stalingrad**.
Regie: Oscar Fritz Schuh. Premiere: 16. 12. 1962
WOLFGANG KIELING (Soldat Gnotke), René Deltgen (Generalmajor Vilshofen), Alois Garg (General Gönnern), Günter Bergeré (General Vennekohl), Bernhard Minetti (General Hartmann), Curt Faber (Der General), Reinhard Jahn (Soldat Gimpf).

BILDNACHWEIS

Action Press, Hamburg 90
Bilderdienst Süddeutscher Verlag München 8, 16, 25, 40, 45, 56, 68, 74, 75, 82, 87, 88, 89
Peter Bischoff, Worpswede 79
dpa-Antonowitz 15
dpa-Cornelia Gus 77
dapa-Dieter Klar 80
dpa-Horst Ossinger 84, 85, 86
dpa-Chris Pohlert 91, 92
dpa-Spring 71
Filmverlag der Autoren 66
Foto Sessner, Dachau 50
Annemie Huck, Baden-Baden 60
Gerhard Kiesling, Berlin 17
Andreas Laible 83
Privatbesitz Susanne Uhlen 1–7, 9, 12, 18–22, 27–28, 30, 31a, 31b, 32–38
Pressebilderdienst Kindermann, Berlin 63
TeleWinkler+Bunk, Berlin 26, 42, 48, 49, 51, 59, 64, 69, 70
TV Hören und Sehen 67
Ullstein Bilderdienst, Berlin 10
Ullstein-Binder 41
Ullstein/Conti-Press 39
Ullstein-Estorff 65
Ullstein-Felicitas 23
Ullstein/Fernsehdienst, München 44
Ullstein-Kindermann 38
Ullstein-Köster 24
Ullstein-Röhnert 43, 55
Ullstein/Schulze-Berka 46, 47
Ullstein-TeleWinkler 62
Hill Veit, München 29
ZDF Bilderdienst 57
Hans Zillmann, Hamburg 78